U0154520

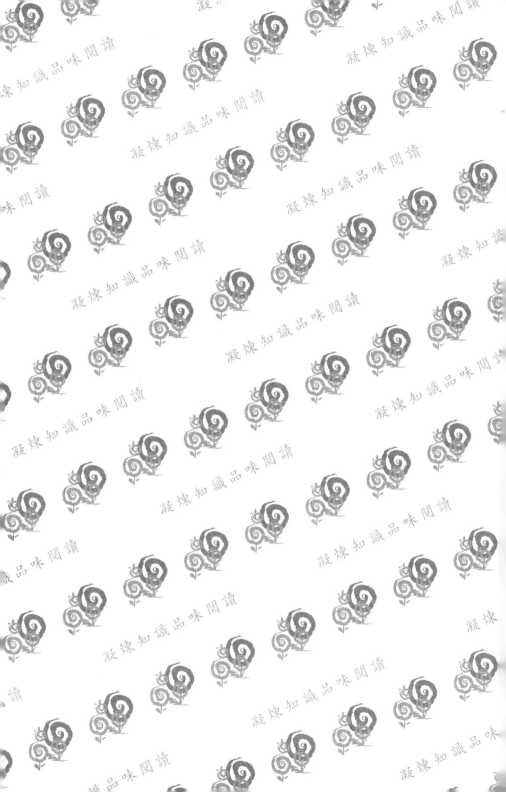

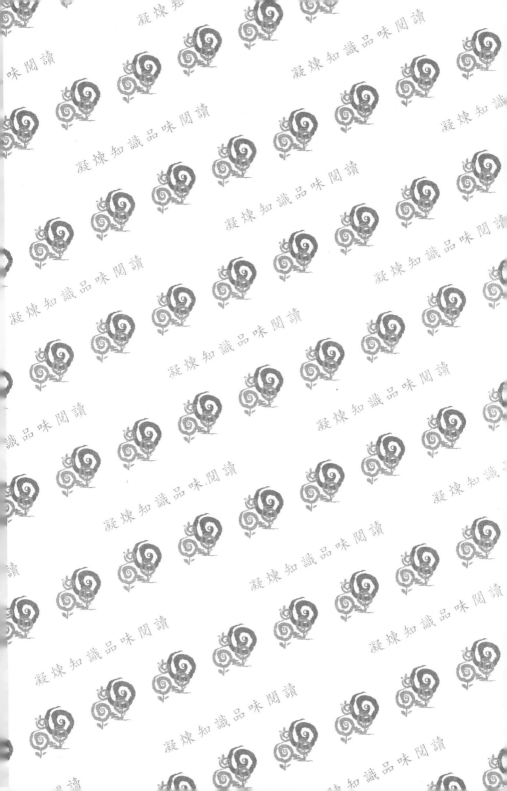

脫歐：英國的抉擇
Brexit: The Choice for the UK

黃琛瑜 ★ 著　　五南圖書出版公司 印行

自　序

　　2016 年 6 月 23 日，英國舉行脫歐公投。這場公投的結果，不僅引發英國國內熱烈討論，亦引起各國廣泛關注。

　　2010 年卡麥隆擔任英國首相後，脫歐公投的議題不斷發酵，最終成爲當代英國政治的一場大型博弈。2013 年卡麥隆發表演說，計畫就英國是否續留或退出歐盟舉行公投。面對英國與歐盟之間的衝突，脫歐公投屢次成爲卡麥隆的政治籌碼，藉以向歐盟國家施壓。卡麥隆的脫歐公投政策，表面上看似英國對歐外交政策的重大轉變，實則爲英國國內政治影響下產生的選舉考量與回應。

　　卡麥隆主張脫歐公投，主要目的在於緩解英國疑歐派勢力的高漲壓力。特別是，近年來英國獨立黨崛起，對保守黨逐漸構成威脅。主張退出歐盟的英國獨立黨與保守黨，同爲英國的疑歐派政黨。英國獨立黨於歐洲議會選舉的聲勢漸漲，對保守黨造成挑戰。爲了緩和保守黨內疑歐派人士的壓力，並防止保守黨選票流向英國獨立黨，卡麥隆不惜將英國與歐盟關係，作爲選舉賭注。這場英國脫歐公投，因而被抨擊爲保守黨的黨內紛爭，但擦槍走火變成國際事件。

　　英國舉行脫歐公投，與今年來英國政治疑歐勢力的增長有關。不過，英國脫歐的發動與通過，並非英國疑歐派勢力的單一因素造成，而是由複雜原因導致，包括歷史、政治、經濟、民族情感等方面。

　　1975 年，英國曾就是否續留歐洲共同體，舉行過英國第一場全國公投。四十一年後，英國政府再次將英國的歐盟去留問題，交付公投決定。英國與歐盟的關係，又走到一個岔路口。公投結果出爐，脫歐派於公投中險勝，撼動英國與歐盟，引發全球金融市場的振盪。

歐盟是英國第一大貿易夥伴，英國近半的貿易進出口仰賴歐盟。離開歐盟後，英國不再享有歐洲單一市場的免關稅與自由貿易便利。後脫歐時代的英國，欲與歐盟建立新的經貿關係，需經複雜冗長的談判過程。

英國自 1973 年加入歐洲共同體後，成為歐盟重要成員國之一。英國於歐盟治理及運作，扮演重要角色並做出積極貢獻，和歐盟發展出政治、經濟、社會、文化等廣泛層面的依賴關係。英國脫離歐盟，影響英國在歐洲事務的發展，對歐盟運作和前景造成衝擊，牽動英國和歐盟的世界影響力，其代價不容小覷。

英國脫歐公投的發展及影響，因此成為近年來學術理論與政治實務界關注的研究焦點。本書目的，希望就英國脫歐的歷史緣由，關鍵發展，重要影響，以及重大啟發，逐一剖析。

本書分為六章。首先，第一章回顧英國脫歐公投的歷史脈絡，包括英國與歐盟關係，及卡麥隆政府推動脫歐公投的政策背景。

第二章聚焦英國脫歐公投的結果，包括脫歐公投造成的英國分裂，脫歐派險勝的關鍵因素，以及脫歐公投的後續發展。

第三章分析英國脫歐公投引發的民主危機，包括行政權、立法權、司法權的角力，人民與議會的衝突，以及二次公投的辯論。

第四章探究英國脫歐公投對英國地方分離主義的影響。北愛爾蘭、蘇格蘭、威爾斯三個地區，皆因英國脫歐公投的結果，產生意欲脫離英國的分離主義。

第五章解析英國脫歐對當代國家的啟示，包括公投風險與局限，國家主權的信仰與迷思，英歐關係的霍布森選擇，英國脫歐後歐盟未來展望，以及全球化挑戰下國家何去何從的問題。

第六章為本書末章，就英國脫歐公投的經驗，做一總結。

　　面對區域統合的挑戰，當代國家面臨獨善其身抑或包容開放的兩難。全球化的發展，穿透了國界藩籬，加深當代國家面對區域統合的兩難困境。英國試圖透過公投，走出歐洲統合下英國的困境，重新與全球接軌。英國脫歐公投的個案，可對當代國家迎向區域統合乃至全球化，有所借鏡。

　　本書得以完成，首先感念業師們的教導，包括臺灣大學政治學系趙永茂教授、朱志宏教授、張碧珠教授、英國倫敦大學政經學院政治學系老師 Mr. Alan Beattie、英國曼徹斯特大學政治學系博士論文指導教授 Prof. Simon Bulmer 和 Prof. Martin Burch 等。由於你們的栽培，使我於英國研究的領域，得以一路摸索前進。藉由本書的出版，向老師們致上最大的敬意與謝意。此外，特別感謝五南圖書副總編輯劉靜芬小姐，使本書得以順利出版。最後也最重要的，我要感謝父母及家人的支持。

黃琛瑜

2020 年 10 月 19 日

目 次

表 次

第一章
英國脫歐的歷史緣由

　　1973 年，英國加入歐洲共同體。英國脫歐前，英國於歐盟治理及運作，始終扮演重要角色並做出積極貢獻，爲歐盟重要成員國之一。然而四十一年後，英國舉行脫歐公投，選擇脫歐。2016 年 6 月 23 日的英國脫歐公投，不僅影響英國在歐洲事務的發展，亦牽動歐盟整合進展。

　　英國脫歐公投的發展與影響，已成爲學術理論及政治實務界關注的研究焦點。本書希望英國脫歐公投的個案研究，可作爲其他國家面對區域統合發展時借鏡參考的重要經驗。

　　本書的研究問題，主要有三。首先，探討英國脫歐公投得以推行，背後的歷史背景爲何。其次，分析英國脫歐公投獲得通過，其主要原因爲何。其三，探究英國脫歐公投帶來哪些重要影響與啓發。

　　針對上述問題，本書於後續章節依序討論。第一章檢視英國脫歐公投的歷史緣由，包括英國與歐盟關係，及卡麥隆政府推動脫歐公投的關鍵歷程。第二章就脫歐公投的結果，公投通過的原因，以及英國脫歐的後續發展，逐一討論。

　　第三章聚焦英國脫歐引發的民主內戰，包括行政權、立法權、司法權的角力，人民與議會的衝突，以及二次公投的辯論。第四章探討英國脫歐公投對地方分離主義產生的影響，並就北愛爾蘭、蘇格蘭、威爾斯三個地區，分別討論。

　　第五章分析英國脫歐公投對當代國家的重要啓發，包括公投風險與局限，國家主權的信仰與迷思，英歐關係的霍布森選擇，英國脫歐後歐盟未來展望，以及全球化下國家的未來發展。第六章爲本書末章，就英國脫歐公投的經驗，做一總結。

　　本章以下，就英國脫歐公投的歷史背景與關鍵發展，包括英國與歐盟關係，及卡麥隆（David Cameron）的政治博弈，逐一分析。

第一節 英國與歐盟關係

英國與歐洲的關係，亦近亦遠。一方面，英國與歐洲在地理與歷史上，始終相鄰相依。地理上而言，西元前 6,500 年，冰河消退使海平面回升，不列顛與歐洲大陸分開，成了獨立島嶼。英倫三島與歐洲大陸雖隔海相望，但英國與歐洲最近的距離，並不遙遠。英國的多佛（Dover）與法國的加萊（Calais）之間，爲英吉利海峽最窄處，僅 33.3 公里。

就歷史而言，英國早期先民，來自歐洲大陸，但隨著英國王國歷史發展與多元族群混血通婚，逐漸形成現代「英國人」的民族認同與面貌。

英國早期居民，爲來自歐洲大陸的後代。如今英國著名的史前遺跡巨石陣（Stonehenge），即爲約西元前 2,500 年新石器時代留下的人類遺跡。新石器時代的愛比利亞人（Iberians），以及銅器時代的畢克人（Beaker People），先後自歐洲大陸徙居不列顛島，成爲早期不列顛島居民（Pryor, 2011）。

西元前六世紀，來自歐洲大陸的凱爾特人（Celtics），分批遷徙到不列顛島定居。西元 43 年，羅馬人入侵英格蘭。羅馬人入侵前，居住於不列顛的主要凱爾特部落，包括英格蘭地區的特里諾文特人（Trinovantes）與柯諾維人（Cornovii），威爾斯地區的西留爾人（Silures）與得西安格力人（Deceangli），蘇格蘭地區的加勒多尼人（Calodones）與塞爾戈維人（Selgovae）等（James, 2011; BBC History, 2014）。羅馬人占領英格蘭後，建立羅馬帝國的不列顛尼亞行省，並引進拉丁語及羅馬帝國的制度。

羅馬帝國沒落後，西元五世紀起，自歐洲大陸而來的日耳曼民族趁隙南徙，包括盎格魯人、撒克遜人、朱特人等族群，紛紛移居不列顛島。

西元 829 年，威賽克斯王國的愛格伯國王（King Egbert），統一英格蘭其他王國，建立盎格魯薩克遜王國。然而，九世紀至十一世紀期間，來自北歐的維京人（Vikings）不斷侵擾不列顛島，甚至導致十一世紀初期，丹麥國王克努特大帝（Canute the Great）統治英格蘭二十年（1014-1035 年）。

1042 年，盎格魯撒克遜王國於愛德華三世（Edward III）領導下復辟，但 1066 年又遭諾曼人征服。來自法國的諾曼第公爵威廉（William Duke of Normandy），亦即征服者威廉（William the Conqueror），派兵攻打英國。諾曼第公爵威廉於哈斯丁一役（Battle of Hastings），擊敗英王哈羅德二世（Harold II），登基為英國的威廉一世（William I），史稱諾曼征服（Norman Conquest）。諾曼征服後，法蘭西語因此對中世紀英語帶來深遠影響。撲諸歷史，英國與歐洲大陸的血統淵源，始終緊密相連。

另一方面，在地理與歷史上，英國與歐洲也可說既近又遠。地理上而言，英國與歐洲大陸僅一海之隔。但是，英吉利海峽卻成為英國與歐洲大陸的天然隔絕，深深將英國與歐洲相互隔離。十九世紀英國劇作家傑洛德（Douglas Jerrold）嘗言：「英國和法國之間最好的事物，是那道海峽」（The Telegraph, 2017）。

此外，莎翁劇作《理查二世》中，劇中人物描述英格蘭的一段話，刻畫出英國人孤立而自在的感受：「上天打造天然屏障，得以抵擋疾病與戰禍，人們生而快樂」（Shakespeare, Around 1595）。

英國孤懸於歐洲大陸外海。海洋，成了天然國土疆界，並造就英國孤立習性。隨著英國歷史不斷發展，英國的國家認同與民族情感逐漸強化，發展出迥異於歐陸國家的民族特性。

十九世紀末，英國發展出「光榮孤立」（splendid isolation）的外交政策傳統。當時的英國首相狄斯累利（Benjamin Disraeli）及索爾茲伯里侯爵（Marquess of Salisbury），希望英國巧妙週旋於歐

洲諸國間。一方面，英國拒絕參與永久性結盟，藉以維持歐洲均勢。另一方面，拓展及維護英國在海外殖民地的利益，是英國的外交重心。

二十世紀以降，隨著國際情勢轉變，英國漸漸由「光榮孤立」走向結盟。英國「光榮孤立」政策雖已轉變，但對英國外交政策卻影響深遠。特別是，英國與歐洲大陸隔海遙望，得以憑藉天然的海峽屏障，保持地緣政治的孤立傳統與優勢。

二十世紀初期，大英帝國殖民地民族主義高漲，紛紛尋求獨立。1931 年，大英帝國轉變爲組織更爲鬆散的大英國協。二次大戰之後，大英國協進一步更名爲國協。隨著去殖民化運動，以及美國和蘇聯崛起，二戰後英國從過去日不落國的帝國盛世，逐漸走入帝國的日落餘暉。

一、二戰後的英國與歐盟

歷經二十世紀兩次世界大戰，二戰後的歐洲國家元氣大傷。然而，二戰後歐洲國家的衰弱，卻形成歐洲復甦振興的強烈動機。納粹極端民族主義帶來戰爭災難，使歐洲國家反思如何不再重蹈覆轍。創立一個團結並超越國家主權的歐洲組織，因而成爲二戰後歐洲國家殫精竭慮的政治願景。

於此背景下，1950 年代，法國、德國、義大利、荷蘭、比利時、盧森堡六個歐洲國家，陸續成立歐洲煤鋼共同體、歐洲原子能共同體、以及歐洲經濟共同體，開啓後續超過一甲子的歐洲統合工程。前述三個共同體，於 1965 年《合併條約》後，合併總稱歐洲共同體，繼之於 1993 年《馬斯垂克條約》生效後更名爲「歐洲聯盟」。

面對二戰後歐洲國家積極推展的歐洲統合運動，英國樂觀其

成，但缺少參與其中的動機。1930 年，英國首相邱吉爾（Winston Churchill）於〈歐洲合眾國〉（The United States of Europe）的文章中，提倡歐洲統一的願景，但也強調英國的獨立性：「但是我們有自己的夢想與任務。我們與歐洲一起，但並非歐洲的一部分；我們彼此連結但非合併」（Churchill, 1930）。

1946 年邱吉爾於瑞士蘇黎世大學的演說中，繼之強調他對歐洲統合的願景：「我們必須打造一個歐洲合眾國」（Churchill, 1946）。但是，邱吉爾鼓吹「歐洲合眾國」的宏大志願之後，卻於 1953 年英國下院中，強調英國並非歐洲的一部分。邱吉爾表示：「我們的立場為何？我們不是歐洲防衛共同體成員，也無意加入聯邦歐洲體系。我們與這兩個組織有一種特殊關係，並可以用『與』而非『之』表達：我們是與他們〔歐洲〕在一起，而非他們〔歐洲〕的一部分。我們有我們的國協與帝國」（Churchill, 1953）。

邱吉爾倡議「歐洲合眾國」，為歐洲統合的開展帶來啟發和鼓舞。但諷刺的是，歐洲統合初始，英國即是分路同行的旁觀者，自視為歐洲的局外人。

二戰後英國對歐政策，可透過邱吉爾著名的三環外交（Three Majestic Circles）予以解析。1948 年邱吉爾展望英國未來發展，提出三環外交概念，認為世界上存在三個相互連結的圓環，包括國協、美國、歐洲，並主張英國是世上唯一在這三環中皆扮演重要角色的國家（Churchill, 1948）。

邱吉爾三環外交的政策，將英國定位於國協、美國、歐洲三環的交會點，成為當時英國外交政策的定海神針。對於英國而言，歐洲僅為英國外交的其中一環。從邱吉爾的三環外交，有助於理解二戰後英國對歐政策的若即若離。

二、英國加入歐盟：轉折與爭議

　　邱吉爾的三環外交，反映出二戰之後英國外交政策上以自我為中心的自信。然而，1950 年代之後，隨著國際情勢的轉變，使英國面對逐漸開展的歐洲統合，從一開始的反對，轉變到 1960 年代積極申請加入。

　　1961 年，英國保守黨籍首相麥克米倫（Harold Macmillan）帶領英國申請加入歐體。1961 年 7 月，麥克米倫向英國下院說明政府決定申請入歐的理由。他強調：「這是政治也是經濟的問題。雖然《羅馬條約》（Treaty of Rome）關乎經濟事務，但仍具有重要的政治意涵，亦即推動歐洲團結與穩定，這也是世界爭取自由與進步的關鍵因素。現今世界中，大規模的國家組成團體追求共同利益的趨勢，將帶來更大團結，並對爭取自由的奮鬥注入力量。我相信對確保歐洲最緊密團結的努力做出貢獻，是我們的責任與利益」（Macmillan, 1961: 2）。對麥克米倫而言，歐洲統合有助歐洲政治穩定與經濟利益，亦符合英國利益。

　　1967 年，英國工黨籍首相威爾遜（Harold Wilson），再次申請英國入歐。1967 年 5 月，威爾遜在英國下院強調，英國申請入歐的動機來自經濟與政治考量。就經濟層面而言，威爾遜認為：「我們都清楚歐洲具長期潛能。單一市場擁有近三億人口，對英國產業將提供空間與商機，亦將為歐洲規模的技術統合策略，帶來無限可能」（Wilson, 1967: 3）。

　　此外，威爾遜認為，英國入歐的政治動機更為重要。他強調：「政府的最重要目的，來自我們承認歐洲正面臨政治統一的大躍進機會，而我們可以且的確應該完全參與」（Ibid.）。

　　然而，1961 年和 1967 年英國兩度申請入歐，但在法國總統戴高樂（Charles de Gaulle）反對下，兩次申請分別於 1963 年及

1967 年因其反對而功敗垂成。1971 年法國總統龐畢度（Georges Pompidou）上台後，不再反對英國申請入歐。1973 年英國保守黨籍首相希斯（Edward Heath）再次申請英國入歐，方才順利通過申請並加入歐體。有關英國三次申請入歐，請參見表 1-1。

1971 年 10 月，希斯在英國下院強調加入歐體的好處。他認為如果拒絕歐洲，意味拒絕「歐洲的潛能，以及歐洲的機會，包括經濟與政治發展，維持安全，以及確保人民享有更高水準的繁榮」（Heath, 1971）。

針對入歐對英國主權的影響，希斯主張對主權採取更為務實的理解。他認為：「如果主權被使用及有價值，則主權一定有效……加入〔歐體〕，我們做出涉及我們主權的承諾，但同時我們也獲得機會」（*Ibid.*）。

表 1-1　英國三次申請入歐

	時間	結果	時任首相
第一次申請	1961 年	否決（1963 年）	Harold Macmillan（保守黨）
第二次申請	1967 年	否決（1967 年）	Harold Wilson（工黨）
第三次申請	1973 年	通過（1973 年）	Edward Heath（保守黨）

資料來源：作者整理。

麥克米倫、威爾遜、和希斯，這三位先後帶領英國申請入歐的首相，他們主張加入歐體的原因，主要是歐體在經濟與政治上，已成為充滿機會的組織。1973 年，英國與歐體已歷經逾十年的入歐協商經驗，英國政壇與民眾對於英國申請的利弊得失，累積相當的討論基礎。

英國政府亦了解，英國入歐有得必有失。入歐後英國面臨主權遭到侵蝕的風險。但權衡利弊後，麥克米倫、威爾遜、與希斯皆同

意，英國申請入歐雖是充滿風險，影響巨大的艱難選擇，但對英國較為有利。

1960 年代以降，英國開始申請加入歐體。英國從二戰後對參與歐洲統合的意興闌珊，轉變至積極試圖申請入歐，其政策轉折有幾項因素。

首先，1950 年代開始，法、德、義、荷、比、盧六個歐洲國家，陸續成立歐洲煤鋼共同體、歐洲原子能共同體、與歐洲經濟共同體。面對歐洲統合運動風起雲湧，英國開始擔憂，倘若英國不參與歐洲統合，恐在經濟與政治上遭歐洲邊緣化。

1956 年 12 月，英國首相麥克米倫於其寫給外交大臣的信中，流露出英國恐遭歐洲邊緣化的憂慮：「拿破崙時代以降，這是第一次主要歐洲強權組成一個正向的經濟團體，並包含相當程度的政治層面。雖然這不是特別對抗英國，但可能會造成排除英國的影響，包括將英國排除在歐洲市場與歐洲政策協商之外」（Bogdanor, 2014: 2）。

其次，1950 年代之後，隨著世界權力格局變化，英國體認到過去的大英帝國不再獨領風騷，因而將目光轉向歐洲。1950 年代以後，英國的前殖民地紛紛尋求獨立，英國與國協成員國的關係，與大英帝國時期相較，已逐漸弱化。特別 1956 年蘇伊士運河危機後，英國殖民體系隨之加速解體。

蘇伊士運河危機，被視為「帝國骰子的最後一擲」（Brown, 2001）。英國學者霍爾（Simon Hall）指出：「蘇伊士運河危機，標誌著大英帝國結束的開始，並刺激不斷增加的反殖民運動。帝國的大半部分於十年內消失殆盡，速度遠比人們原先想得更快」（Hall, 2016）。

此外，二戰前的英國，特別在十九世紀與二十世紀初的不列顛

治世（Pax Britannica）時期，英國享有全球霸權地位。然而，二戰之後，美國逐漸崛起，取代英國在國際上的霸主地位。英美雙方的關係，因國力的你消我長，亦出現變化。

特別在蘇伊士運河危機中，美國譴責英國侵略埃及，造成英美友好的盟友關係受到重擊。英國開始體認到，英國已非昔日全球霸權，美國與蘇聯已取代英國成為具有主導力量的世界強權。蘇伊士運河危機後，英國與美國關係雖獲重建，並相互保持友好關係，但英美關係的平衡中，英國已成「次要合夥人」（Yorkshire Post, 2016）。

1960 年麥克米倫政府內閣官員，就英國政策分析撰寫報告，名為〈1960 年至 1970 年未來政策研究〉（Future Policy Study 1960-1970）。針對未來英美關係，報告提出政策建議並指出，英美關係非自然法則，英國有時必須將自身利益附屬於美國感受之下（Ricketts, 2020）。

邱吉爾的三環外交中，英國與國協成員國的關係逐漸弱化，英國與美國的關係亦失去掌控。歐洲國家的統合深化與發展，因此成為英國僅能倚賴的機會。因此，對於國力逐漸式微的英國，加速整合與崛起的歐洲，反倒成為英國眼中扭轉劣勢的浮木。

歷經兩次申請失利後，英國最終於 1973 年順利加入歐洲共同體。揆諸時代背景，英國加入歐體的主要原因，包括英國國力日衰，以及經濟與外交上英國擔憂遭歐洲邊緣化。對英國而言，歐洲彷彿身旁不斷茁壯的巨人，英國無法漠視其身影。英國入歐，因而成為不情願卻不得已而為之的選擇。

三、1975年英國脫歐公投

1973 年英國加入歐體後，英國國內關於英國入歐的爭議，始

終未曾平歇。英國兩大主要政黨包括保守黨及工黨，皆存在政黨內部對歐洲事務的不同看法。英國與歐體關係的議題，時起紛爭，成為英國政治的一顆不定時炸彈。

1960年代與1970年代，英國在保守黨與工黨帶領下，三度申請入歐。對英國入歐的態度，與保守黨相較，工黨內部存在較大的反對勢力。工黨成為當時的疑歐派政黨，主要原因在於工黨支持者擔心英國入歐後，將導致英國喪失既有的勞工福利與保障，並擔憂英國主權的喪失。

英國於1960年代，首次申請加入歐洲經濟共同體時，當時反對黨工黨主席蓋茨克爾（Hugh Gaitskell）便主張，英國加入歐洲經濟共同體，將代表「英國千年歷史的終結」（Gaitskell, 1962）。然而，1967年工黨政府申請入歐但1969年遭法國投票否決，隨後1970年工黨於國會大選敗選，導致工黨大幅度轉向反對歐洲（Haeussler, 2016: 12）。

1973年英國在保守黨政府帶領下加入歐體後，工黨質疑英國歐體會籍的聲浪愈來愈大。一方面，工黨認為保守黨政府與歐體達成的入歐條件，未能保障英國利益。另一方面，工黨質疑英國入歐的決定，沒有通過人民認可。

1974年2月英國國會大選中，工黨競選政綱便主張，倘若工黨勝選，工黨政府將與歐體就英國入歐條件進行「根本性重新協商」（fundamental renegotiation），並將協商結果問信於民，包括透過國會大選或諮詢性公投的民主機制（Labour Party, 1974a）。工黨競選政綱中，申言進行重新協商的主要理由：「希斯政府重大的政治錯誤，在於接受共同市場的入會條件帶領英國入歐，但卻未獲人民同意」（Ibid.）。

1974年10月的英國國會大選，工黨進一步承諾舉行脫歐公投。10月大選的工黨競選政綱中，明確揭示公投時間表：「工黨承

諾於大選後十二個月，將就我們是否接受英國入歐條件，透過投票箱讓英國人民有最終決定的機會，該決定亦將對政府有拘束力」（Labour Party, 1974b）。

工黨競選政綱中，畫出工黨對歐政策的紅線：「工黨是國際主義政黨，而英國是歐洲國家。但是，若共同市場代表新保護主義集團的形成，或英國會籍造成工人陷入貧窮的威脅或摧毀議會主權，則工黨無法同意」（Ibid.）。

工黨於 1947 年 10 月國會大選勝出後，繼之兌現競選承諾。1975 年 6 月 5 日，在工黨政府的推動下，英國舉行歷史上首次全國公投，也是英國史上首次脫歐公投。1974 年 4 月起，工黨開始與歐體就英國入歐條件，展開重新協商。1975 年 3 月，工黨與歐體達成入歐條件的新版協議。

工黨政府認為，重新與歐體協商獲得的新版協議，已滿足1974 年 2 月及 10 月國會大選中工黨競選政綱的多數協商目標。1974 年 3 月，首相威爾遜向下院說明重新協商的結果，他表示：「我相信，我們的重新協商目標雖未全部達成，但已完成很大部分的目標」，並因此建議英國選民支持新版入歐條件並選擇留在歐體（Wilson, 1975: 7）。學者格倫克羅斯（Andrew Glencross）指出，工黨對於重新協商取得成功的論述，於脫歐公投活動中產生高度說服力（Glencross, 2015: 27）。

威爾遜政府與歐體，就英國入歐條件重新協商，有助增強英國民眾續留歐體的意願。因此，1975 年英國脫歐公投的結果，如威爾遜政府所願，得以順利通過。根據 1975 年 2 月蓋洛普民調顯示，41% 的英國受訪者表示將在公投中選擇脫歐，而 31% 的受訪者則支持留歐。該民調亦發現，倘若政府與歐體重新協商並獲得對英國有利的留歐新條件，受訪者接受留歐比例為 50%，僅有 22% 的受訪者選擇脫歐（Mortimore, 2016）。

　　工黨政府費時近一年取得新版入歐條件，並置入 1975 年英國
首次脫歐公投的題目。1975 年 6 月 5 日，英國脫歐公投的題目，
亦即：「政府已宣布英國與歐洲共同體重新協商的結果。你認為
英國是否應該留在歐洲共同體（共同市場）？」（UK Government,
1975: 4）。這場公投的投票率為 64.03%，贊成留歐的比率為
67.2%，遠高於支持脫歐的比率（32.8%）（House of Commons
Library, 2015）。

　　1975 年脫歐公投，贊成留歐的比率與支持脫歐比率相較，
約為二比一。2016 年英國脫歐公投的結果，支持脫歐的比率
（51.9%）與贊成留歐（48.1%）的比率，則相差不到 4 個百分點。

　　1975 年脫歐公投結果，反映當時多數英國民眾傾向續留歐
體。但是，時至 2016 年，英國脫歐派略占上風，且脫歐派與留歐
派之間的勢力互為伯仲。有關 1975 年與 2016 年英國脫歐公投的比
較，請參閱表 1-2。

表 1-2　1975 年與 2016 年英國脫歐公投

	公投題目	結果	贊成留歐比率	反對留歐比例	投票率
1975年英國脫歐公投	政府已宣布英國與歐洲共同體重新協商的結果。你認為英國是否應該留在歐洲共同體（共同市場）？	否決	67.2%	32.8%	64.03%
2016年英國脫歐公投	英國是否應該續留或離開歐盟？	通過	48.1%	51.9%	72.2%

資料來源：作者整理。

　　1975 年脫歐公投，使英國加入歐體的爭議，獲得暫時緩解。
但是，隨著後續歐洲統合運動不斷深化與廣化，英國與歐體的關
係，仍是英國政治的一道未解習題。

　　相較於其他歐盟會員國，英國對歐洲統合始終抱持戒慎恐懼的態度。1980 年代之後，歐體的不斷發展，保守黨對於歐洲事務的態度逐漸從 1970 年代的支持轉而質疑。英國前首相柴契爾（Margaret Thatcher），為保守黨政治人物對歐政策大幅轉變的鮮明例子。

　　1979 年 5 月柴契爾成為英國首相，至 1990 年 11 月卸任。1970 年代英國申請入歐時，柴契爾對英國入歐表示熱烈支持。1973 年英國加入歐體時，柴契爾時任希斯政府的教育與科學大臣，支持希斯政府帶領英國入歐的決定。

　　1975 年英國舉行脫歐公投的過程中，柴契爾積極鼓吹英國續留歐體，對公投取得留歐的結果扮演重要角色。1975 年 2 月，柴契爾從希斯手中接下保守黨黨魁大位。是年 4 月，柴契爾開啓保守黨的公投宣傳活動，呼籲保守黨員於公投中支持留歐。她強調：「我們是歐洲的一部分……我們必須盡全力確保保守黨支持者『向歐洲說是』」（Thatcher, 1975）。柴契爾於公投活動中，穿上印有歐體會員國國旗的毛衣，以顯示對歐洲團結的支持，成為柴契爾早期親歐態度的鮮明印記。

　　然而，1980 年代之後，隨著歐體不斷發展，柴契爾逐漸成為著名的歐洲懷疑論者。柴契爾於 1988 年，發表演說反對歐洲共同體的決策改革，強烈批評英國不但沒有開疆拓土，反而還被布魯塞爾的超級國家反統治（Thatcher, 1988）。柴契爾執政後期的疑歐言論與政策，不僅屢次引起歐洲國家的反彈，亦引發保守黨黨內對歐政策上的分歧。

　　英國身為歐盟成員國時，在歐盟決策過程中扮演重要角色，但英國並未加入例如歐元等涉及重要國家利益的政策領域。因此，英國常被形容為歐盟會員國裡，若即若離的尷尬夥伴。

　　1997 年布萊爾（Tony Blair）政府上台後，英國對歐政策出現

重大轉變，從過去的疑歐態度，轉向較爲親歐的立場。相較於先前執政的保守黨，特別是柴契爾與梅傑（John Major）的對歐政策，布萊爾採取較爲正面積極的親歐政策，主張應「建設性參與」歐洲事務，促進英國在歐洲的領導地位，而非孤立於歐洲的邊緣（Blair, 1997）。

2010 年卡麥隆政府上台後，一開始企圖採行務實溫和的對歐政策。然而，由於卡麥隆掣肘於國內疑歐主義的壓力，英國對歐政策逐漸擺盪回抗拒疑慮的傳統路徑。卡麥隆執政時期，英國與歐盟關係不時遊走冰點。2016 年卡麥隆政府舉行英國脫歐公投，使英歐關係產生歷史性的重大變遷。

第二節　卡麥隆的政治博弈

卡麥隆政府推動英國脫歐公投，關鍵原因主要有二，包括緩解保守黨的黨內疑歐勢力，以及防止保守黨選票流向英國獨立黨。一方面，卡麥隆所屬的保守黨，傳統上爲疑歐派主義政黨。卡麥隆企圖走出柴契爾強硬的疑歐主義傳統，並主張英國續留歐盟較爲有利。但是，受到保守黨黨內疑歐派人士的壓力，脫歐公投因而成爲卡麥隆緩解黨內疑歐勢力的一項賭注。

二方面，近年來英國獨立黨於英國政壇崛起，對同爲疑歐派政黨的保守黨造成選舉壓力。卡麥隆爲了避免保守黨選票遭英國獨立黨瓜分，不惜採取英國獨立黨脫歐公投的政策主張。因此，卡麥隆的英國脫歐公投，可說是基於勝選考量的選舉策略。以下針對卡麥隆的對歐政策，以及脫歐公投的政治博弈，分別討論。

一、卡麥隆的對歐政策

傳統上，英國保守黨爲疑歐派政黨。卡麥隆上台後，接續保守黨的疑歐派傳統。然而，與先前保守黨的對歐政策立場相較，特別是柴契爾強硬的對歐政策，卡麥隆的疑歐傾向顯得較爲溫和。

2006 年卡麥隆擔任保守黨主席，提出「自由保守主義」（Liberal Conservatism），作爲其外交政策的政治理念。卡麥隆指出：「我是一位自由保守主義者，而非新保守主義者。自由——因爲我支持自由與民主的擴散，以及人道干預。保守——因爲我承認人性的複雜，並對重塑世界的巨大計畫感到質疑」（Cameron, 2006）。

卡麥隆針對其主張的自由保守主義，提出五項原則，包括「認清威脅，民主未能由外部迅速移植，應採取超越軍事行動的策略，採行新多邊主義以面對全球新挑戰，以及行動應具道德權威」（*Ibid.*）。

卡麥隆於 2010 年國會大選保守黨競選政綱中，重申外交政策上自由保守主義的信念與內涵，並指出：「保守黨政府對外事務的策略，將建立在自由保守主義的原則之上。自由，是因爲英國應積極參與世界，保持開放，支持人權，並全力擁護民主與法治。保守，是因爲我們的政策必須講求實際，面對眞實而非妄想的世界」（Conservative Party, 2010: 109）。

卡麥隆的自由保守主義，主要目的在於希望與柴契爾的新保守主義做出區隔。一方面，卡麥隆試圖引進「大社會」（Big Society）概念，試圖針對柴契爾新保守主義中關於社會、道德的保守態度，進行鬆綁。另一方面，卡麥隆追隨柴契爾的疑歐主張，但試圖軟化疑歐主義。誠如學者赫佩爾（Timothy Heppell）指出，「卡麥隆自由保守主義的策略立場，實際上建立在社會與經濟自由

主義以及軟性疑歐主義的結合之上」（Heppell, 2013: 341）。

因此，卡麥隆對歐政策的主張，突顯「軟性疑歐主義」（soft Euroscepticism）特色。根據學者塔加特（Paul Taggart）與斯澤比亞克（Aleks Szczerbiak）界定，軟性疑歐主義是一種針對統合的保留性反對，包括對特定政策的拒絕與批評，或以國家的利害關係與利益為優先考量（Taggart and Szczerbiak, 2008: 7-8）。相對於軟性疑歐主義，塔加特與斯澤比亞克認為，硬性疑歐主義的內涵，針對統合計畫的原則性反對，且對於制度及憲政基礎或跨領域的政策議題，皆表示反對（Ibid.）。

2010 年國會大選的保守黨競選政綱中，突顯軟性疑歐主義的特性。在英國對歐政策方面，保守黨競選政綱主張保護國家利益的重要性。競選政綱特別強調：「未來若沒有英國人民的同意，歐盟不會擴權至英國」（Conservative Party, 2010: 113）。

上述競選政綱亦保證，在國家主權有關的三大政策領域，包括基本權利憲章、犯罪司法、以及社會與就業立法，將向歐盟追回英國的重要權力，並誓言不會同意英國加入歐元區（Ibid., 113-114）。

另一方面，保守黨對歐政策的主張，亦強調歐盟會籍的好處，試圖軟化及平衡疑歐主義的主張。舉例而言，2010 年國會大選的保守黨競選政綱主張：「我們將會成為歐盟內正面積極的成員國」（Ibid., 113），並說明歐盟會籍對英國的好處：「我們相信英國的歐盟會籍，使英國利益能夠獲得最好保護」（Ibid.）。

因此，2010 年國會大選保守黨競選政綱中，卡麥隆繼承保守黨的疑歐主義傳統，但試圖針對柴契爾的硬性疑歐主義做出修正，呈現一種更務實的軟性疑歐主義。

2010 年英國國會大選後，保守黨與自由民主黨於是年 5 月 11 日達成共識，並組成聯合政府。兩黨透過協商，針對政府減赤、政

府支出、賦稅、銀行改革、移民、政治改革、福利、教育、英國與歐盟關係、民權及環境政策議題，取得重大共識（Conservative-Liberal Coalition, 2010）。

在英國與歐盟關係議題上，聯合政府取得共識，一方面強調英國對歐政策的「紅線區」立場，例如反對進一步的主權移轉，反對加入歐元，考慮制定英國主權法案等政策主張（*Ibid.*）。另一方面，聯合政府試圖釋出親歐善意，強調英國欲成為「歐盟的積極參與者」，並「與歐盟夥伴一同扮演強大且積極的角色」（Conservative-Liberal Coalition, 2010: 5）。英國聯合政府的對歐政策，整體而論，仍以保守黨的疑歐派立場為主。自由民主黨較為親歐的傳統政策立場，在聯合政府對歐政策共識中則不明顯。

鑑此，卡麥隆對歐政策的政治理念，呈現諸多超越與局限。一方面，卡麥隆希望修正柴契爾的新保守主義與硬性疑歐主義，在政治意識形態光譜上試圖向中間靠攏，展現較為軟性的疑歐主義。

另一方面，卡麥隆政府的自由保守主義，受到來自保守黨的內部批評。舉例而言，卡麥隆的保守主義理念，被批評為「脫離現實」，且其缺乏如柴契爾般的名人風範，引起柴契爾主義支持者批評（Buckler and Dolowitz, 2012: 590; Tebbit 2007; Mullholland, 2008）。

此外，保守黨未能於 2010 年國會大選取得過半席次，因而與自由民主黨組成聯合政府。聯合政府的對歐共識與政策，以保守黨疑歐主義政策為主。然而，保守黨對歐政策，仍受限於聯合政府運作下的政黨相互妥協，無法展現清楚的政策理念。

學者巴克萊（Steve Buckler）及多洛維茲（David Dolowitz）指出，保守黨「未能贏得議會過半席次，使保守黨於黨內及黨外的政策和理念顯得模糊不清，且由於保守黨缺乏清楚的理念立場，使其於政治問題處理上雪上加霜」（Buckler and Dolowitz, 2012: 590）。

　　因此，相較於柴契爾政府的對歐政策主張，卡麥隆對歐政策的政治理念，企圖在對歐事務上展現務實溫和的政策轉變，但仍掣肘於黨內硬性疑歐主義的政治傳統與聯合政府框架下的共識政治。

　　卡麥隆 2010 年上任後，2013 年初首次拋出將針對英國是否續留歐盟進行公投的議題。卡麥隆政府的脫歐公投主張，引起英國國內與歐盟國家的關注和討論。

　　2013 年 1 月 2 日，卡麥隆發表演說，提出英國舉行脫歐公投的政策，計畫將就續留或退出歐盟舉行公投（in/out referendum on EU）。卡麥隆表示，倘若 2015 年保守黨贏得國會大選，計畫於是年底通過公投立法，並於勝選後新議會前半會期前舉行公投（Cameron, 2013）。

　　卡麥隆希望將英國是否續留歐盟的議題，交由人民決定。但另一方面，卡麥隆仍主張英國續留歐盟。他表示：「我深深相信，英國國家利益於彈性、具有適應能力、以及開放的歐盟中，可以獲得最好保護。而這樣的歐盟與英國在一起，也是最好的結果」（*Ibid.*）。

　　因應卡麥隆的公投政策主張，保守黨於 2013 年 5 月制定歐盟公投法草案。此外，英國下議院外交事務委員會出版《歐盟的未來：英國政府政策》（*The Future of the European Union: UK Government Policy*）報告，針對英國對歐政策，特別是歐盟公投的發展及影響，進行評估。該報告呼應卡麥隆政府的主張，呼籲維持英國在歐盟的影響力，並建議政府「應使用泛歐而非以英國為中心的策略與語言，並繼續維持建設性、正面、積極參與的態度」（House of Commons, 2013: 82）。

　　2013 年卡麥隆提出歐盟公投的政策後，英國的脫歐公投議題，成為英國與歐盟發生衝突時，卡麥隆屢次用以威脅歐盟的政治籌碼。舉例而言，2014 年歐盟執委會主席容克（Jean-Claude

Junker）的人事案中，卡麥隆揚言英國將舉行脫歐公投，引起歐盟及成員國的擔憂。2014 年 10 月，卡麥隆政府針對歐盟的年度追加預算款表示不滿，並提到計畫 2017 年底前舉行脫歐公投的政策主張。

2014 年 11 月，英國針對移民法規與歐盟產生嫌隙，卡麥隆再次提及 2017 年底前舉行脫歐公投以決定英國去留。2015 年卡麥隆勝選後，承諾 2017 年底前，就英國的歐盟會籍舉行全國公投。

卡麥隆的脫歐公投政策，突顯卡麥隆對歐政策的矛盾。卡麥隆政府 2010 年上任後不斷強調，保護英國主權與利益為英國對歐政策的重要原則，但也呼籲續英國續留歐盟，對英國較為有利。

卡麥隆主張就歐盟會籍進行公投，並於 2013 年強調，政府有信心於公投中爭取英國選民做出續留英國的選擇（Daily Express, 2013）。卡麥隆表示：「歐洲需要改革，但放棄英國的歐盟會籍將是魯莽、愚蠢，將帶來嚴重損害」（*Ibid.*）。根據統計，英國的歐盟會籍，對英國帶來約 620 億至 780 億的經濟利益（*Ibid.*）。

卡麥隆在政治及選舉壓力下，做出公投承諾，並清楚強調「我會確保舉行公投，否則我不會擔任首相」（The Telegraph, 2014）。卡麥隆的脫歐公投主張中，強調希望給與英國人民選擇重建與歐盟關係的機會，期望透過公投促使歐盟改革，爭取英國的國家利益。

二、脫歐公投與政治博弈

2013 年卡麥隆發表演說，提出英國舉行脫歐公投的政策，計畫就英國續留或退出歐盟舉行公投。卡麥隆的脫歐公投政策，表面上看似英國對歐外交政策的重大轉變，實則為英國國內政治壓力下產生的選舉考量與回應。

卡麥隆主張脫歐公投，主要目的在於緩解英國國內疑歐派勢力

的高漲壓力。特別是，主張退出歐盟的英國獨立黨於近年勢力大增，對同為疑歐派政黨的保守黨產生壓力。因此，卡麥隆不惜將英國與歐盟關係作為選舉賭注，以緩和保守黨內疑歐派聲浪，防止保守黨選票流向英國獨立黨。

2000 年代中期，英國獨立黨於歐洲議會選舉的聲勢逐漸看漲，對保守黨構成挑戰。舉例而言，英國獨立黨於 2004 年歐洲議會大選後，開始有所斬獲。1999 年歐洲議會選舉，英國獨立黨僅取得英國選區 7% 的得票率，於歐洲議會英國選區的 87 個議員席次中，取得 3 個席次（House of Commons Library, 1999: 11）。

2004 年歐洲議會選舉，英國獨立黨取得 16.2% 的得票率，成為歐洲議會的英國第三大黨。2004 年歐洲議會選舉中，英國獨立黨取得 12 席，保守黨及工黨分別取得 27 席及 19 席（House of Commons Library, 2004: 11）。

2009 年歐洲議會選舉中，英國獨立黨獲得 16.6% 的得票率，取得 0.3% 的微幅成長。2014 年 5 月的歐洲議會大選，英國獨立黨創下該政黨於歐洲議會選舉的最佳表現，獲得 27.49% 的得票率，高於工黨（25.40%）與保守黨（23.93%）的得票率。2014 年英國在歐洲議會享有 73 個席次，此次選舉中英國獨立黨取得 24 席的議員席次，優於工黨（20 席）與保守黨（19 席）的表現，成為歐洲議會選舉中得票率最高的英國政黨（European Parliament, 2014）。

2010 年英國聯合政府的成立，英國獨立黨獲得發展空間。學者涂尼索爾（Karine Tournier-Sol）指出，保守黨為了與共組聯合政府的自由民主黨合作，在政治意識形態上向中間靠攏，為與保守黨同屬右派政黨的英國獨立黨，創造進一步發展的政治空間（Tournier-Sol, 2015: 140）。

英國獨立黨的選舉表現，對同屬右派的保守黨，造成很大壓力和挑戰。特別是 2014 年英國獨立黨於歐洲議會的勝選，不僅使英

國獨立黨成為歐洲議會的英國第一大黨，而且創下英國百年來，全國選舉中首次非保守黨或工黨贏得頭籌的紀錄，造成英國政黨政治的板塊重組。

2014 年歐洲議會選舉，保守黨取得 23.93% 的得票率，淪為歐洲議會的英國第三大黨。英國獨立黨的勝選，瓜分了同為右派的保守黨票源，成為保守黨挫敗的原因之一。

英國獨立黨黨魁法拉吉（Nigel Farage）認為，2014 年歐洲議會選舉，英國獨立黨締造英國政治「百年來最非凡的戰績」（BBC, 2014）。面對英國獨立黨的勝選，卡麥隆表示英國民眾對歐盟幻滅，而保守黨收到及理解選民的訊息（Ibid.）。

由於英國獨立黨的聲勢大漲，2014 年底發生兩位保守黨國會議員脫黨加入英國獨立黨，並於國會補選獲勝的情況。英國獨立黨聲勢漸漲，導致英國右派勢力的分裂，對保守黨造成威脅。

英國獨立黨的崛起，對保守黨逐漸形成壓力。根據學者林奇（Philip Lynch）與華特克（Richard Whitaker）研究發現，相較於其他政黨，英國獨立黨吸收最多的保守黨流失選票（Lynch and Whitaker, 2013: 304）。

舉例而言，根據 2011 年至 2012 年的調查，2010 年國會大選，投票支持保守黨的選民中約有 5.9% 認為，若明天舉行國會大選會轉向支持英國獨立黨，僅約 2.7% 的保守黨選民會轉向支持自由民主黨，只有 0.7% 的保守黨選民會轉向支持工黨（Ibid.）。

2015 年國會大選時，卡麥隆將脫歐公投議題與國會大選結合。卡麥隆的脫歐公投主張，與其說是疑歐理念的堅持，倒不如更像是出於勝選考量的政治策略。卡麥隆承諾舉行脫歐公投，目的即為爭取疑歐派選民的支持，避免選票基礎遭英國獨立黨侵蝕。

學者涂尼索爾指出：「英國獨立黨的勢力崛起，對保守黨來說

大抵被視爲一個威脅，且能部分說明爲何卡麥隆誓言舉行英國歐盟會籍公投」（Tournier-Sol, 2015: 140）。

　　學者林奇與華特克指出，避免英國獨立黨造成保守黨的分裂，以及迴避與英國獨立黨在歐盟議題上正面衝突，成爲卡麥隆疑歐主義的基礎（Lynch and Whitaker, 2013: 300）。

　　林奇與華特克進一步主張，爲了與英國獨立黨競爭，保守黨採取的疑歐主義，刻意與英國獨立黨保持模糊空間，使保守黨得以吸引更多疑歐主義支持者（*Ibid.*）。因此，爲了防止保守黨選票流向英國獨立黨的選舉考量，成爲卡麥隆採取強硬對歐政策的原因之一。

　　2015 年，卡麥隆領導的保守黨，贏得英國國會大選。卡麥隆勝選後，承諾將兌現 2017 年底前舉行脫歐公投的競選政見。2015 年國會大選後，卡麥隆開始與歐盟及會員國領袖進行協商。是年 11 月，卡麥隆向歐盟提出改革目標，希望針對經濟治理、競爭、主權、移民四大政策領域，與歐盟進行協商，以爭取更多的英國利益。

　　2016 年初，卡麥隆與歐盟達成協商，取得上述四大政策領域的改革共識，並宣布英國脫歐公投的時間表。2016 年 6 月 23 日，英國舉行脫歐公投。脫歐派於公投中險勝，公投結果撼動英國和歐盟，並引起全球金融市場的振盪。

第二章
脫歐公投的「意外」結果

2016 年 6 月 23 日英國舉行脫歐公投，吸引英國約 3,355 萬選民參與投票，包括約 1,741 萬選民贊成英國脫離歐盟，以及約 1,614 萬選民選擇續留歐盟。

這場公投為英國歷史上的第三次全國公投，創下 72.2% 的高投票率，高於 1975 年歐洲共同體會籍公投的投票率（64.03%），以及 2011 年選舉制度公投的投票率（42.2%）。這次公投投票率，不僅為英國歷年來三次全國公投之冠，亦為 1997 年國會大選（投票率為 71.3%）以來的最高投票率，足見此次公投在英國引起的關注與重視。

公投結果為脫歐派險勝。脫歐派獲得 51.9% 的選票，留歐派取得 48.1% 的選票。脫歐派以不到 4% 的差距，於這場公投險勝。這場公投的結果，普遍令外界感到意外。公投前，包括英國主要政黨，皆表達支持英國續留歐盟的主張。美國、法國等世界重要國家領袖，以及國際組織如國際貨幣基金，亦呼籲英國選民支持留歐。

然而，公投的結果，與英國及世界主流媒體的看法、臆測大相逕庭。英國脫歐公投出人意料的結果，使這場公投被視為 2016 年國際上難以預測的「黑天鵝事件」之一。

第一節　分裂的英國

這場公投前夕，脫歐派與留歐派勢均力敵，勝負難辨。公投的結果，突顯英國國內脫歐派與留歐派間分歧，也反映並加劇這個國家的內部裂痕。公投後的英國，成了一個更分裂的國家。公投的結果，呈現選民在地理、人口特徵、政黨層面上的諸多分歧。以下分述之。

一、地理層面

就地理層面而言，公投結果呈現北部留歐，南部脫歐的明顯差異。英國北部的蘇格蘭，過半數選民（62.0%）支持續留歐盟，僅38%的選民支持脫歐。英國西北的北愛爾蘭，亦出現過半數選民（55.8%）支持留盟，而44.2%的選民支持脫歐。

英國南部的英格蘭，逾半（53.4%）的選民選擇脫離歐盟，46.6%的選民則支持留歐。英國西南部的威爾斯，同樣出現過半數選民（52.5%）支持脫歐，而47.5%的選民選擇留歐。

英國此一聯合王國，形成兩個陣營，包括支持留歐的蘇格蘭與北愛爾蘭，以及贊成脫歐的英格蘭與威爾斯（BBC News, 2016a）。英國四大地區的脫歐公投結果，請參見表2-1。

表 2-1　英國四大地區公投結果

英國四大地區	支持留歐（%）	支持脫歐（%）
英格蘭	46.6	53.4
威爾斯	47.5	52.5
蘇格蘭	62.0	38.0
北愛爾蘭	55.8	44.2

資料來源：BBC News (2016a).

此外，公投結果顯示，大城市的選民傾向支持留歐。一方面，英國人口最多的十大城市中，計有七個城市支持留歐。這些城市包括英國首都倫敦、里茲、格拉斯哥、曼徹斯特、利物浦、愛丁堡以及布里斯托，皆出現留歐派獲勝的結果（Office for National Statstics, 2016; BBC News, 2016b）。英國主要城市的脫歐公投結果，請參見表2-2。

表 2-2 英國主要城市公投結果

英國十大城市	支持留歐（%）	支持脫歐（%）
倫敦	75.3	24.7
伯明罕	49.6	50.4
里茲	50.3	49.7
格拉斯哥	66.6	33.4
雪菲爾德	49.0	51.0
布拉德福德	45.8	54.2
曼徹斯特	60.4	39.6
利物浦	58.2	41.8
愛丁堡	74.4	25.6
布里斯托	61.7	38.3

資料來源：Office for National Statstics (2016) & BBC News (2016b).

　　另一方面，英國英格蘭、蘇格蘭、威爾斯、北愛爾蘭的首府，皆呈現支持留歐者眾的投票結果。英格蘭選民逾半選擇脫歐，但英格蘭首府倫敦，多數選民希望留歐。同樣地，逾半威爾斯選民希望脫歐，但威爾斯首府卡地夫，出現留歐派（60%）超過脫歐派（40%）的公投結果。

表 2-3 英國四大地區首府公投結果

英國四大地區首府	支持留歐（%）	支持脫歐（%）
倫敦	75.3	24.7
愛丁堡	74.4	25.6
卡地夫	60.0	40.0
貝爾法斯特	59.9	40.1

資料來源：BBC News (2016b).

　　蘇格蘭首府愛丁堡，留歐派選民的比率（74.4%）遠超過脫歐派選民的比率（25.6%）。北愛首都貝爾法斯特，同樣出現支持留歐派的比率（59.9%）超過支持脫歐派的比率（40.1%）（BBC News, 2016b）。英國四大地區首府的脫歐公投結果，請參見表 2-3。

二、人口特徵層面

　　就人口特徵而論，選民的年齡、教育程度、社會階層、家庭收入等因素，對選擇留歐或脫歐具有明顯影響。就年齡而言，英國脫歐公投，反映出英國選民對於英國是否脫歐的看法，存在明顯世代差異。

　　根據英國民調機構 Lord Ashcroft Polls 所做調查，年紀愈輕的選民，選擇續留歐盟的比例愈高。年齡愈長的選民，支持退出歐盟的比例愈高（Lord Ashcroft Polls, 2016）。

表 2-4　年齡因素與脫歐公投

年齡	支持留歐（%）	支持脫歐（%）
18-24	73	27
25-34	62	38
35-44	52	43
45-54	44	56
55-64	43	57
65+	40	60

資料來源：Lord Ashcroft Polls (2016).

　　依據該項民意調查，18 歲至 24 歲選民中，支持留歐的比例為 73%，遠高於支持英國退出歐盟的比例（27%）。25 歲至 34 歲選民

中，支持留歐的比例爲 62%，高於支持脫歐者所占比例（38%）。相反地，65 歲以上的選民，支持脫歐的比例（60%）高於支持留歐（40%）的比例。55 歲至 64 歲的選民中，贊成脫歐的比例（57%）高過支持留歐（43%）的比例。45 歲至 54 歲以上的選民，支持脫歐的比例（56%），亦高過支持留歐（44%）的比例（*Ibid.*）。年齡因素與英國脫歐的關聯性，請參見表 2-4。

選民的教育程度，亦爲影響選民脫歐抉擇的因素之一。英國脫歐公投結果顯示，學歷愈高的選民，傾向支持英國續留歐盟。相反地，學歷愈低者，則傾向支持英國脫離歐盟。

依據英國民調機構 YouGov 的民調結果，68% 擁有大學學歷的選民支持英國續留歐盟，而僅有 32% 擁有大學學歷的選民選擇英國脫歐。高達 70% 擁有初中或以下學歷者選擇英國脫離歐盟，而僅有 30% 擁有初中或以下學歷者希望英國續留歐盟。此外，近六成（59%）無學位者支持英國脫歐，而約四成（41%）無學位者支持英國留歐（YouGov, 2016: 2）。學歷因素與英國脫歐的關聯性，可參見表 2-5。

表 2-5　學歷因素與脫歐公投

學歷	支持留歐（%）	支持脫歐（%）
大學	68	32
初中	30	70
無學位	41	59
其他或不知道	45	55

資料來源：YouGov (2016).

社會階層方面，英國脫歐公投突顯出，社會階層愈高愈支持英國續留歐盟，社會階層愈低則愈希望英國脫離歐盟。根據民調機構 YouGov 於脫歐公投前所做的最後民調顯示，中層階級及上層階級

的選民中，贊成英國留歐的比例為 57%，高過支持英國脫歐的比例（43%）。就上層階級選民而論，高達六成（61%）上層階級選民支持英國留歐，而近四成（39%）上層階級選民希望英國脫歐。中層階級的選民中，約有五成四（54%）支持英國留歐，高於支持脫歐者的比例（46%）（*Ibid.*）。

另一方面，根據上述的民調結果，工薪階級和低層階級選民中，贊成英國脫歐的比例（65%）則高於希望英國留歐的比例（35%）。工薪階級選民中，支持英國脫歐的比例高達 63%，高於支持英國留歐的比例（37%）。低層階級選民支持脫歐的比例高達 66%，而低層階級選民支持留歐者的比例僅為 34%（*Ibid.*）。社會階層因素與英國脫歐的關聯性，請參見表 2-6。

表 2-6　社會階層因素與脫歐公投

社會階層	社會階層分類代號	支持留歐（%）	支持脫歐（%）
上層階級	AB	61	39
中層階級	C1	54	46
上層與中層	ABC1	57	43
工薪階級	C2	37	63
低層階級	DE	34	66
工薪與低層階級	C2DE	35	65

資料來源：YouGov (2016).

註：英國「全國讀者調查」（National Readership Survey）將社會階層等級依照職業分為六類，包括：A（高階管理、行政與專業人士）、B（中階管理、行政與專業人士）、C1（文員或低階管理、行政與專業人士）、C2（技術勞工）、D（半技術或非技術勞工），以及 E（國家養老金領取者、臨時工與最低階勞工、無業者）（National Readership Survey, 2020）。該分類發展已逾五十年，成為廣泛使用的英國人口統計分類系統。

就家庭收入而論，收入愈高者傾向支持英國續留歐盟，收入愈低者傾向支持英國脫離歐盟。根據英國民調機構 YouGov 於脫歐公

投前的最後民調顯示，家庭年收入少於 20,000 英鎊者，支持英國脫歐的比例爲 62%，高於希望英國續留歐盟的比例（38%）。家庭年收入介於 20,000 英鎊至 39,999 英鎊者，支持英國脫離歐盟的比例爲 53%，高於希望英國留歐的比例（47%）（*Ibid.*）。

另一方面，收入愈高者，愈傾向支持英國留歐。家庭年收入介於 40,000 英鎊至 59,999 英鎊者，支持英國留歐的比例爲 58%，高於希望英國脫歐的比例（42%）。家庭年收入爲 60,000 英鎊以上者，支持留歐的比例高達 65%，遠高於希望英國脫離歐盟的比例（35%）（*Ibid.*）。家庭收入與英國脫歐的關聯性，請參見表 2-7。

表 2-7　家庭收入因素與脫歐公投

家庭年收入（英鎊）	支持留歐（%）	支持脫歐（%）
20,000 以下	38	62
20,000～39,999	47	53
40,000～59,999	58	42
60,000 以上	65	35

資料來源：YouGov (2016).

三、政黨層面

2016 年英國脫歐公投中，政黨傾向亦爲影響選民投票抉擇的因素之一。根據英國民調機構 YouGov 於 2016 年脫歐公投前的最後民調顯示，疑歐派政黨支持者傾向選擇英國脫離歐盟，而親歐派政黨支持者，則傾向支持英國續留歐盟。根據該份民調，疑歐派政黨保守黨的選民，支持英國脫歐的比例爲 61%，而支持英國留歐的比例僅 39%（Moor, 2016; YouGov, 2016: 1）。此外，強烈主張英國脫歐的英國獨立黨，高達 95% 支持英國獨立黨的選民贊成英國脫歐，僅 5% 支持英國獨立黨的選民希望英國留歐（*Ibid.*）。

　　另一方面，親歐派政黨工黨，該黨 65% 選民支持英國留歐，僅 35% 工黨選民支持英國脫歐。親歐派的自由民主黨，該黨支持者希望英國留歐的比例高達 68%，僅 32% 自由民主黨選民支持英國脫歐。此外，親歐派的綠黨，高達 80% 該黨支持者支持英國留歐，僅 20% 該黨支持者希望英國脫歐（*Ibid.*）。政黨傾向因素與英國脫歐的關聯性，請參見表 2-8。

表 2-8　政黨傾向因素與脫歐公投

政黨	支持留歐（%）	支持脫歐（%）	支持與反對脫歐之落差（%）
保守黨	39	61	22
工黨	65	35	30
自由民主黨	68	32	36
綠黨	80	20	60
英國獨立黨	5	95	90
其他	58	42	16

資料來源：YouGov (2016).

　　此外，英國主要政黨保守黨、工黨、自由民主黨，皆出現政黨內部對於留歐或脫歐抉擇的明顯分歧。以保守黨而言，61% 保守黨選民支持脫歐，但反對脫歐者亦占 39%。保守黨選民支持與反對脫歐者的占比，落差達 22%。

　　就工黨而言，65% 工黨選民支持英國留歐，但反對脫歐者亦占工黨選民 35%。工黨支持與反對脫歐者的占比落差達 30%。以自由民主黨而論，約 68% 該黨選民支持留歐，但反對脫歐的該黨選民亦占 32%。因此，英國脫歐與否，對上述三個政黨而言，皆為充滿分歧的難題。

第二節　脫歐險勝關鍵因素

1973 年英國加入歐洲共同體後，歷經四十幾年歐洲統合，發展出相互依賴的緊密關係。2016 年英國脫歐公投中，英國與歐盟的複雜關係，被簡化為脫離或續留歐盟的單選題。面對選擇脫離或續留歐盟的問題，選民的抉擇受諸多因素影響。茲就公投中脫歐險勝的幾項重要因素，包括移民、主權、與英國民族認同，分別討論如下。

一、移民

英國脫歐公投過程中，移民始終是脫歐議題中的焦點，亦為脫歐派人士主張脫歐的一大理由。英國脫歐陣營「投票脫歐」（Vote Leave）官方文宣中強調，過去十年已有近 200 萬歐盟移民落腳英國，倘若英國續留歐盟，未來經濟狀況較差的新會員國加入歐盟後，對英國影響將難以想像（Vote Leave, 2016）。

1957 年法國、德國、義大利、荷蘭、比利時及盧森堡簽署《羅馬條約》，成立歐洲經濟共同體。《羅馬條約》建立會員國間「共同市場」（common market），並揭櫫共同市場內，商品、資本、服務及人員自由流動的重要原則（Treaty of Rome, 1957）。該原則被稱為「四大自由」原則，因此成為後續歐盟單一市場發展與運作的金科玉律。英國加入歐盟後，因此享有歐盟單一市場的好處。然而，人員自由流動的單一市場原則，逐漸受到英國疑歐派抨擊，並進一步成為 2016 年英國脫歐的爭論議題。

英國脫歐公投中，移民問題成為關注焦點，與幾項背景因素有關。一方面，2004 年歐洲聯盟東擴，十個國家正式加入歐盟，包括塞普路斯、馬爾他、及八個中東歐國家（捷克、愛沙尼亞、匈

牙利、拉脫維亞、立陶宛、波蘭、斯洛伐克、斯洛維尼亞）。2007年，東歐國家保加利亞與羅馬尼亞，繼之加入歐盟。

　　上述中東歐國家的經濟發展與條件，與當時歐盟成員國相比，顯得較爲落後，因此引發英國在內的西歐國家對於東歐移民潮的擔憂。

　　2004 年歐盟東擴後，歐盟至英國的移民人數便不斷攀升。舉例而言，根據英國國家統計局的數據顯示，2003 年亦即歐盟東擴前一年，歐盟至英國的移民人數僅約 1 萬 5,000 人。2015 年則高達21 萬人（Grierson, 2019）。

　　依據英國國家統計局的年度人口調查（Annual Population Survey）數據，2004 年至 2014 年間，約有近 200 萬歐盟移民來到英國。以倫敦爲例，約有 63 萬的歐盟移民（UK Parliament, 2016）。

　　過去十數年，東歐移民大量湧入，引起英國社會不安，出現關於新移民大量消耗英國社福資源的質疑。英國民眾要求政府緊縮移民數量的呼聲，逐漸高漲。

　　2015 年，首相卡麥隆曾與歐盟進行協商，針對經濟治理、競爭、主權、移民四大政策領域，提出改革訴求，希望爭取更多英國利益。就移民政策而言，卡麥隆主張，歐盟的人員自由移動政策遭到濫用，歐盟需要採取更嚴格的移民政策，增加會員國對移民政策的管控權（Cameron, 2015）。移民問題，卡麥隆政府視爲英歐關係的一項關鍵議題。

　　另一方面，2011 年敘利亞危機爆發後，引發大量難民湧向歐洲。2016 年英國脫歐公投前幾年，湧入歐洲的難民潮達到高峰。根據聯合國難民署統計，2015 年超過 100 萬的難民與移民取道地中海到達歐洲。2016 年，到達歐洲的難民與移民數量，高達約347,000 名（UNHCR, 2016: 8）。

歐盟國家中，希臘、義大利、與西班牙，成為難民與移民首次落腳的主要國家。然而，他們的地中海之路，充滿險阻。依據統計，2016 年約有 4,690 名難民與移民於地中海喪生或失蹤，較 2015 的數據增加 25%（*Ibid.*）。風光旖旎的地中海，彷彿成為難民的海上墳場。

2015 年 9 月，一名三歲敘利亞難民，原欲從土耳其穿越地中海偷渡前往希臘，卻不幸喪命。敘利亞男童伏屍海灘的照片，透過新聞報導，引起國際對歐洲難民問題的注目，亦加深英國朝野及民眾對歐洲難民危機的關注。

此外，英國脫歐陣營「投票脫歐」於官方海報，試圖將脫歐與難民危機相互連結，強調並警告倘若歐盟給予土耳其免簽，英國與敘利亞和伊拉克間，將出現新邊界（Garrett, 2019）。

2000 年之前，移民議題在英國鮮少被提及。但是，2004 年歐盟東擴後，2001 年至 2006 年間，移民議題受到關注的比例，逐漸攀升（The Migrtaion Observatory, 2020）。

不過，歐盟東擴與歐洲難民危機，不斷加深英國疑歐派對移民問題的疑慮。英國脫歐公投前一年，移民已成為英國公共關注的重大議題。根據統計，2015 年 6 月至 2016 年 6 月間的民調顯示，移民被視為最受關注的重大議題（*Ibid.*）。2015 年的一份民調顯示，高達 56% 受訪者認同移民為最重要議題（*Ibid.*）。

根據英國民調機構 Ipsos MORI 2016 年脫歐公投前最後民調顯示，移民是公投中最重要的議題，32% 的受訪者表示，「來到英國的移民數量」為左右投票決定的最重要議題（Ipsos MORI, 2016）。依據另一份脫歐公投後的民調顯示，脫歐選民中逾 70% 的受訪者認為，「希望英國重新掌控歐盟移民」，是影響他們於公投中選擇脫歐的首要或次要理由（Carl, 2018: 4）。

　　歐盟單一市場內部人員得以自由流動，對英國與其他歐盟成員國而言，本是一項互惠互利的原則。然而，脫歐公投前十數年，由於歐盟東擴以及歐洲難民危機的發展，移民問題頓時成為英歐關係的焦點。短時間內大規模湧入的移民，對英國民眾的生活，造成工作排擠及社會資源受到稀釋的影響。移民問題因此成為脫歐派主張脫歐的一項重要理由，牽動英國脫歐結果。

二、主權

　　英國脫歐公投過程中，「拿回控制權」（take back control）為脫歐陣營主張英國脫歐的理由之一，並成為響亮的脫歐口號（Vote Leave, 2016）。

　　1973 年英國加入歐體後，英國的政策與法規便受到來自歐洲「超國家政府」的束縛。隨著歐洲統合不斷深化，歐盟制度與法律變得更為複雜瑣碎，對英國政治與法律的制約亦愈形加大。因此，脫歐派希望透過英國脫離歐盟，重新拾回英國的主權。

　　根據英國選舉研究機構（British Election Study）於英國脫歐公投前所做調查，約三成的脫歐選民認為，影響其投票脫歐的因素中，主權或歐盟官僚（Sovereignty/EU bureaucracy）為最重要因素（Prosser, Mellon, and Green, 2016）。

　　英國脫歐公投後，根據 Lord Ashcroft Polls 的民調顯示，脫歐選民表示影響其做出脫歐決定的因素中，排名首位的最重要因素為「英國應能自主決策」（Lord Ashcroft Polls, 2019a）。

　　此外，依據英國民調機構 Ipsos MORI 於 2016 年脫歐公投前的最後民調顯示，「英國有能力制定自身法律」，在影響選民投票決定的最重要議題中排名第三，並有 16% 的受訪者認為，該議題為公投中最重要議題（Ipsos MORI, 2016）。

英國 1973 年加入歐洲共同體後，國家主權一直是英國在歐洲統合過程中，特別關注的議題。隨著歐盟深化與廣化，歐盟對會員國主權的侵蝕，逐漸成為疑歐派人士的抨擊焦點。

特別是，相較於歐盟其他會員國皆有成文憲法，英國憲法屬不成文憲法。在沒有一部成文憲法的保障下，對於歐盟憲法及法律層面的衝擊和挑戰，尤其感到戒慎恐懼。因此，對歐盟超國家性質的憲政發展和立憲運動，英國政府與人民多所反對。英國主要憂慮即為，在歐洲化的憲政衝擊下，英國不成文憲法未來恐成為一件國王新衣。

英國雖然沒有一部成文法典確立國家主權之所在，但英國不成文憲法中，仍發展出國家運作的重要原則。特別是，憲政思想家戴西（Albert Venn Dicey），1885 年出版的《憲法研究導論》（*Introduction to the Study of the Law of the Constitution*）一書中，提出英國「議會主權」概念，成為英國憲政核心原則。戴西提出的議會主權原則，建構光榮革命後英國憲政運作的權力基調。

戴西的議會主權原則，要點有二。其一，議會可以任意制定法律。議會制法不受限制，議會可以隨心所欲制定任何法律。其二，英國憲法下，沒有其他機制有權否決議會的制定法（Bradlet, 1996: 81）。簡而言之，議會可以任意制法，議會制定的法律享有法律上的至高性，沒有其他機制有權否決議會的制定法。議會主權原則的要義，為英國議會享有立法的最高主權。

然而，英國加入歐洲共同體以來，英國憲法受到來自歐陸的多方挑戰。一方面，歐洲法院透過判例，建立起歐盟法律的「直接效力原則」與「至高性原則」，意味歐盟法律於會員國直接生效，並享有高於會員國法律的地位。歐盟法律高於英國法律，英國憲法的地位尊嚴遭受侵蝕。另一方面，相當於歐盟人權憲法的《歐洲人權公約》（European Convention on Human Rights, ECHR），於 1998 年

獲英國立法機構通過，成爲英國法律。自此，英國與其他歐盟會員國一樣，服膺《歐洲人權公約》與歐洲人權法院的判決。易言之，英國在保障人權方面，已具有一部外來的人權憲法。

2016 年，英國脫歐陣營「投票脫歐」官方文宣強調，脫歐後英國由國民選舉的代表制定法律，得以貫徹民主精神。相反地，如果英國續留歐盟，歐洲法院將從賦稅到移民等所有議題上，繼續支配英國法律（Vote Leave, 2016）。此外，「投票脫歐」官方文宣亦指出，英國逾半立法由非民選的歐盟官僚制定，突顯英國須使立法者受到民主課責（Ibid.）。綜言之，英國脫歐派選民希望透過脫歐，使英國重新掌握制定法律主導權。恢復英國主權，乃成爲影響脫歐的一項關鍵因素。

三、英國民族認同

英國人的民族情感與認同，亦爲影響脫歐公投結果的重要因素。英國人對於自身民族，始終具有優越感及高度認同。英國人的民族優越感，與英國昔日光榮歷史有關。特別是，英國十九世紀至二十世紀初期，締造人類歷史迄今爲止最大帝國。

「大英帝國」全盛時期，統治全球約四分之一的人口與疆域。十九世紀，英國運用軍事及經濟的「剛性權力」，在世界各地建立許多海外殖民地。二十世紀以降，隨著民族主義高漲，殖民地紛紛尋求獨立，大英帝國因而瓦解。

但是，英國與前殖民地國家，仍然維持友好的關係。英國透過大英國協（Commonwealth of Nations），與五十幾個成員國發展出政治、經濟、教育等層面的良好合作關係。

此外，大英帝國的殖民歷史，使英國的前殖民地國家發展出與英國的特殊情感與歷史記憶。透過英國的海外殖民與貿易，英語也

發展成全球主要國際語言，對發揚英國文化產生莫大助力，可說創造出另類的語文帝國——「英語帝國」。

二十世紀以降，特別是二次世界大戰之後，隨著英國海外殖民地紛紛獨立，英國不再享有過去大英帝國的強盛國力。與「日不落國」的昔日輝煌相比，二戰後的英國國力已顯衰弱。

英國歷史學者甘迺迪（Paul Kennedy）於其著作《大國的興衰：1500 年至 2000 年的經濟變遷與軍事衝突》（*The Rise and Fall of the Great Powers: Economic Change and Military Conflict from 1500 to 2000*）中形容，1980 年代起，英國只是「一般、相對強大的國家，而非一個強權」（Paul Kennedy, 1988: 549）。

美國國務卿艾奇遜（Dean Acheson）亦指出，「大不列顛失去大英帝國，尚未找到自己的歷史地位」（Acheson: 1962）。學者葉可布森（Linda Jacobson）分析，面對二十世紀初期英國國力的式微轉變，英國人的自我認同必然受到影響（Jacobson, 1997: 185）。

現今英國已非昔日大英帝國，但英國對其民族的歷史仍感到驕傲與自豪。英國長期進行社會調查的機構「國家社會研究中心」（National Centre for Social Research）發現，2003 年 43% 的英國人對身為英國人感到「非常驕傲」（very proud），而 2014 年有 35% 的英國人有相同感受（National Centre for Social Research, 2014）。

相較於歐盟其他會員國，英國人的歐洲認同則敬陪末座。根據歐盟 2016 年 5 月關於歐洲認同感的民調顯示，歐盟國家的國家認同感平均值為 39%，但英國的國家認同感高達 63%，並為歐盟成員國中國家認同感最高的國家（Standard Eurobarometer, 2016: 21-22）。相反地，歐盟國家受訪者認同「自己是歐洲人」的平均值為 59%，英國人認同「自己是歐洲人」的比例僅 35%，且為歐盟會員國中最低（*Ibid.*）。

　　此外，根據 2015 年英國社會態度（British Social Attidtues）的調查，27% 的英國受訪者表示，自己「完全不是歐洲人」（National Centre for Social Research, 2018: 9）。前述民調亦顯示，47% 的英國人認為歐盟會籍對英國認同產生傷害，而 30% 的英國人則不同意此種看法（Ibid., 10）。

　　有關英國認同與脫歐，亦出現地區性差異。依據 2016 年脫歐公投民調顯示，在英格蘭地區，自我認同為「英格蘭人而非不列顛人」（English not British）者，選擇脫歐的比例高達 79%。自我認同為「不列顛人而非英格蘭人」（British not English）者，選擇留歐的比例則為 60%（Lord Ashcroft Polls, 2019）。

　　在蘇格蘭地區，與公投中選擇留歐者相較，公投中選擇脫歐者的自我認同，傾向「蘇格蘭人而非不列顛人」（Scottish not British）或「蘇格蘭人多於不列顛人」（more Scottish than British）（Ibid.）。因此，英格蘭人的認同愈高，選擇脫歐的比例愈高。蘇格蘭人的認同愈高，選擇留歐的比例則愈高。

　　根據英國民調機構 YouGov 於 2011 年所做調查顯示，63% 的英格蘭人，自稱英格蘭人（the English）而非不列顛人（the British）（YouGov, 2011）。「英格蘭性」（Englishness）泛指英格蘭的民族認同。英格蘭擁有悠久的歷史與文化，「英格蘭性」因而有著豐富深厚的內涵。英格蘭人的「英格蘭性」，被指為是一種「非常深層但經常休眠的情緒」（British Future, 2012: 10）。

　　英格蘭人雖然認同自己為英國人（the British），但英格蘭人擁有其民族特性及優越感，並希望與同屬於英國人（the British）的蘇格蘭、威爾斯、與北愛爾蘭人，有所區分。

　　英國脫歐公投不僅突顯英國人的民族認同，亦反映英格蘭人與蘇格蘭人的區域性民族認同。2014 年蘇格蘭舉行獨立公投，蘇格蘭多數選民選擇留英，可說是理性勝於感性的選擇。2014 年蘇格

蘭獨立公投後，蘇格蘭的民族認同逐漸攀升。

　　2016 年英國脫歐公投中，面對英國脫歐恐造成的經濟衝擊與不確定性，多數英國選民仍選擇脫歐，做出面子勝於麵包的決定。抽象的英國民族認同，於脫歐公投中扮演關鍵角色，造成英國與歐盟分離的具體結果。

第三節　脫歐起點與終點

　　2016 年英國脫歐公投結束後，脫歐爭議未因此落幕。相反地，英國朝野對於英國是否要脫歐，仍然陷入嚴重分歧。首相卡麥隆因脫歐公投失利，引咎請辭下台。梅伊（Theresa May）繼任首相，接下帶領英國走出脫歐困境的重責大任。

　　英國脫歐公投之前，梅伊支持卡麥隆的留歐政策。脫歐公投後，基於尊重公投中人民的選擇，梅伊從公投前的留歐派，轉為公投後的脫歐派。2016 年保守黨黨魁競選宣言中，「脫歐就是脫歐」（Brexit means Brexit），成為梅伊脫歐政策的響亮口號（May, 2016）。

一、脫歐：梅伊的未竟任務

　　2016 年 7 月梅伊接任首相後，誓言尊重並執行英國脫歐公投結果。梅伊履新後，屢次提出「脫歐就是脫歐」口號，希望盡速擬定脫歐計畫，以減少脫歐引發的政治與經濟不確定性。「脫歐就是脫歐」這句口號，展現梅伊政府初期面對脫歐任務的果決自信，成為梅伊政府脫歐政策最佳註腳。「脫歐就是脫歐」這句口號鏗鏘有力，但並未解釋如何脫歐，引發外界批評梅伊脫歐政策避重就輕。

梅伊政府上任後，決定尊重及執行脫歐公投中人民的決定，但並未立即向歐盟提出脫歐申請。遲至 2017 年 3 月，梅伊政府才向歐盟提出脫歐申請，其背後有幾項考量。一方面，由於脫歐事務經緯萬端，且英國朝野在脫歐議題上意見分歧，梅伊政府決定先尋求各界共識並擬出脫歐計畫，而非貿然啟動脫歐。

另一方面，根據歐盟《里斯本條約》（Treaty of Lisbon）第 50 條，歐盟會員國一旦啟動脫歐程序，與歐盟進行脫歐協商的時間僅有兩年。兩年期滿，除非會員國申請延長協商期限並獲得歐盟及歐盟會員國同意，會員國將自動失去歐盟會籍。一旦英國啟動脫歐，兩年期限即開始倒數。因此，梅伊政府上任八個月後，才向歐盟正式提出脫歐申請。

梅伊政府上任半年後，方正式提出政府的脫歐白皮書，亦即《英國脫歐與英歐新夥伴關係》（*The United Kingdom's Exit from and New Partnership with the European Union*）。該份白皮書中，揭示英國脫歐的十二項優先考量與策略：展現脫歐的確定性與透明度，掌控國內法律的主導權，強化聯合王國，保護英國與愛爾蘭深厚的歷史連結及維持共同旅遊區，管控移民，確保英國境內歐盟公民及歐盟境內英國公民的權利，保護勞工權利，確保與歐洲市場的自由貿易，爭取與他國締結新貿易協議，確保英國為科學與創新的最佳地點，合作對抗犯罪與恐怖主義，以及達成平穩與秩序脫歐（UK Government, 2017: 5-6）。

2017 年 3 月 29 日，英國政府啟動《里斯本條約》第 50 條，正式發動脫歐。英國與歐盟的談判序幕，繼之展開。英國前脫歐大臣戴維斯（David Davis）表示，這場當代外交史上前所未有的談判，可說是「史上最複雜的談判」（The Guardian, 2016a）。

梅伊推動脫歐過程中，不斷強調「脫歐就是脫歐」，並主張英國不會留在歐盟單一市場及關稅同盟。外界因而將梅伊的脫歐政

策，歸類為「硬脫歐」。然而，隨著脫歐協商不斷進展，英國逐漸體認，協商發球權已由歐盟掌握。身為一個即將要脫離的會員國，英國已不再享有過往身為歐盟成員國時，任意要求歐盟對其讓利的優勢。

2017 年底，英國與歐盟完成第一階段協商。英國與歐盟雙方，針對歐盟設定的三大議題，包括北愛邊境、分手費、英國與歐盟雙方僑民權利，達成原則性共識。

2018 年 7 月，梅伊與內閣於首相鄉村官邸契克斯莊園會商，並提出被視為「軟脫歐」的脫歐方案。該項方案，亦稱「契克斯計畫」（The Chequers Plan）。根據「契克斯計畫」，梅伊政府建議脫歐後，英國將與歐盟建立貨物自由貿易區（free trade area for goods），並與歐盟建立聯合關稅領域（combined custom territory）（The Chequers Plan, 2018）。

梅伊政府希望透過該項計畫，確保北愛爾蘭與愛爾蘭共和國之間不會出現硬邊界，同時亦使英國得以發展獨立貿易政策。由於北愛邊境議題備受爭議，梅伊政府脫歐政策，被迫從初期主張退出歐盟單一市場及關稅同盟的「硬脫歐」，轉變至維持部分現有關稅與貿易關係的「軟脫歐」。然而，「契克斯計畫」引起脫歐派反對而遭受擱置，並造成英國脫歐大臣戴維斯及外交大臣強生（Boris Johnson）相繼辭職。

經過近兩年努力，英國與歐盟終於達成脫歐協議。這份協議的產生過程，波折不斷，突顯英國與歐盟之間對於如何脫歐，存在諸多難解議題。2018 年 11 月 25 日，歐盟 27 個成員國於歐盟高峰會正式通過英國脫歐協議，並發布有關英歐未來關係的政治宣言。脫歐協議及政治宣言，為英國與歐盟費時近兩年協商的重要成果。以下分別就英國脫歐協議及政治宣言的要點，進行分析。

首先，英國脫歐協議的正式名稱，為《大不列顛暨北愛爾蘭

聯合王國退出歐洲聯盟與歐洲原子能共同體協議》（Agreement on the Withdrawal of the United Kingdom of Great Britain and Northern Ireland from the European Union and the European Atomic Energy Community, Withdrawal Agreement）（以下簡稱脫歐協議）。脫歐協議的內容，對脫歐後英國與歐盟雙邊關係，勾勒出基本框架。這份脫歐協議包含 181 個條文，篇幅達 584 頁，分為六大部分及議定書，涵蓋雙方公民權利、關稅事務、司法管轄、脫歐過渡期、分手費、北愛邊境等重要議題（Withdrawal Agreement, 2018）。

除了脫歐協議之外，英國與歐盟亦通過一份政治宣言。脫歐協議為具法律拘束力文件，政治宣言則為不具法律拘束力的政治共識與願景。脫歐協議中，英國與歐盟雙方在諸多議題上仍存巨大歧見。因此，政治宣言可以視為脫歐協議的補充文件，透過英國與歐盟的共識和承諾，試圖強化及修飾脫歐協議未竟之處（Political Declaration, 2018）。然而，梅伊政府與歐盟達成的脫歐協議，於 2019 年在英國下院遭遇三次挫敗，並導致梅伊辭職下台。「脫歐就是脫歐」的口號言猶在耳，但脫歐已成梅伊未實現的理想。

二、強生政府脫歐之路

2019 年梅伊宣布辭職下台後，強生於保守黨黨魁選舉勝出，繼位成為英國新首相。強生於 2019 年 7 月 24 日履新後，誓言帶領英國脫歐。一方面，強生上任後，希望與歐盟進行協商，以達成新脫歐協議。另一方面，強生也強調，英歐之間如無協議，將於原訂 2019 年 10 月 31 日脫歐日逕行脫歐。

2019 年 10 月 17 日，強生政府與歐盟取得新脫歐協議。新版脫歐協議，以梅伊政府與歐盟先前達成的脫歐協議為基礎，增加兩份修正文件，包括政治宣言及愛爾蘭／北愛爾蘭議定書。

　　強生政府與歐盟共同發表的政治宣言共計 27 頁，其正式名稱為《歐盟與英國未來關係架構之政治宣言》（Political Declaration Setting out the Framework for the Future Relationship between the European Union and the United Kingdom, Political Declaration）（以下簡稱政治宣言）。

　　政治宣言的內容分為五大部分，包括導論、初步規定、經濟夥伴關係、安全夥伴關係、制度與其他水平安排、以及未來過程（Political Declaration, 2019）。強生與歐盟的談判協商時間，僅有短短數月，英歐雙方僅就主要脫歐爭議進行協商，特別是北愛邊境問題。

　　強生與歐盟在短時間內進行協商，取得新脫歐協議。但是，因為時間過於緊迫，脫歐協議的法案審查時程在下院遭到否決，導致強生主動暫停脫歐協議法案的審查。由於脫歐期限逼近及無協議脫歐風險日增，強生政府在下院議員壓力之下，最終被迫向歐盟申請延期。其後，強生與下院議員協商，提出國會提前改選法案並獲通過，於是年 12 月 12 日進行國會改選，企圖藉此解開眼前脫歐僵局。

　　2019 年 12 月 12 日，迎來脫歐公投後第二次國會提前大選。這場國會選舉，被視為一場準脫歐公投。此次選舉結果，對後續英國脫歐進程，產生關鍵性影響。特別是，2017 年 6 月 8 日英國國會提前改選後，造成保守黨失去下院過半席次，使梅伊政府與歐盟達成的脫歐協議，在下院表決時屢次失利。

　　2019 年 12 月的國會大選，成為英國脫歐轉變契機。朝野皆希望透過這次選舉凝聚脫歐共識，並打破過去幾年英國脫歐僵局。這場國會提前大選，亦成為英國主要政黨脫歐政策的試金石。

　　2016 年英國脫歐公投後，脫歐已成為英國政治最受關注議題。根據 2019 年 10 月英國民調機構 YouGov 統計，2019 年英國國會大選最受關注議題中，脫歐位居首要，其次為健保、犯罪、經

濟、環境等（YouGov, 2019）。

2019 年 12 月 12 日，英國舉行國會大選。選舉結果揭曉，保守黨獲得過半席次，得以繼續主政。大選前民調顯示，保守黨領先工黨約 10 個百分點。選舉結果出爐，保守黨取得逾半席次，排除英國面臨僵局國會或少數政府窘況。英國下院 650 個席次中，保守黨獲得 365 席，取得過半席次。工黨則爲下院的第二大黨，取得 203 個席次（BBC, 2019）。

強生政府取得國會過半席次後，於 2020 年 1 月順利於議會通過脫歐法案，亦即 European Union（Withdrawal Agreement）Act 2020。是年 1 月 24 日，英國與歐盟簽署新版脫歐協議：《大不列顛暨北愛爾蘭聯合王國退出歐洲聯盟與歐洲原子能共同體協議》（Agreement on the Withdrawal of the United Kingdom of Great Britain and Northern Ireland from the European Union and the European Atomic Energy Community, Withdrawal Agreement）。該份脫歐協議於 1 月 30 日獲歐洲理事會批准後，英國即於隔日脫歐。2020 年 1 月 31 日子時起，英國終止長達四十七年的歐盟會籍，成爲歐盟歷史上第一個離開的成員國。

脫歐後，英國已不具歐盟成員國會籍。但是，英國脫歐之路並非到達終點，而是邁向一個新的起點。名義上，英國脫歐後已非歐盟成員國。實際上，2020 年 1 月 31 日英國脫歐後，至是年 12 月 31 日前，英國處於脫歐過渡期（transition period）。脫歐過渡期間，英國雖然無法參與歐盟決策，但得以維持英歐關係現狀，包括英國續留歐盟單一市場及關稅同盟。因此，脫歐過渡期之間，英國脫歐仍處於名義脫歐而實質留歐的狀態。

然而，2020 年初全球爆發新冠疫情（Covid-19）危機，使脫歐協商受到影響。新冠疫情於歐洲地區快速延燒，英國成爲歐洲國家中，新冠疫情最嚴重國家之一。脫歐過渡期間，英國與歐盟全力

對抗疫情，造成英國脫歐協商受到延宕。英國脫歐後續發展是否順利，仍存諸多變數。

第三章
英國脫歐與民主內戰

　　英國脫歐，不僅為英歐關係的一道難題，更是英國民主的多重考驗。自 2016 年 6 月 23 日英國脫歐公投，至 2020 年 1 月 31 日脫離歐盟，英國脫歐歷程費時三年半載。脫歐公投中，脫歐與否僅為看似簡單的單選題，未料公投後脫歐之路充滿阻力，遠比想像中複雜困難。

　　脫歐公投後，英國脫歐派與留歐派存在明顯分歧，並不斷相互角力。脫歐派與留歐派間的嚴重衝突，進而引發民主運作的諸多爭議，英國民主彷彿陷入內戰。以下針對英國脫歐過程中的民主爭議，包括行政權、立法權、與司法權的角力，人民至上或議會至上的爭論，以及二次公投，依序探討。

第一節　行政權、立法權、與司法權的角力

　　脫歐公投後，英國政府希望尊重公投中的人民選擇，並帶領英國脫歐。但是，由於英國議會留歐派勢力的反對，英國政府在議會推動脫歐相關法案，面臨重重困難。梅伊政府與強生政府，因此皆曾試圖透過行政權的行使，規避議會審查與監督以遂行脫歐，但卻引起行政權、立法權、與司法權相互角力的民主爭議。

　　梅伊政府與強生政府引發行政、立法、與司法權之間的角力爭議後，最後皆願意遵守最高法院裁示，突顯英國憲政秩序中權力相互制衡的精神與價值。

　　以下針對英國脫歐過程中，梅伊政府行使「皇家特權」（Royal Prerogative）與強生政府休閉議會引發的民主爭議，進行分析。

一、梅伊政府：脫歐與皇家特權

2016 年底，梅伊政府計畫行使皇家特權，直接向歐盟申請並啓動歐盟《里斯本條約》第 50 條進行脫歐。由於英國議會在脫歐議題上存在巨大分歧，而皇家特權的使用不須獲議會同意，梅伊希望行使皇家特權進行脫歐，以減少議會審查政府脫歐相關法案的阻力。

然而，梅伊企圖繞過國會逕行啓動脫歐，卻引發行政權、立法權、與司法權之間的民主內戰。英國民眾米勒（Gina Miller）質疑梅伊此舉違憲，因此訴請法院裁定，希望以司法權糾正行政權的濫用。

皇家特權爲君主手中殘存的封建權力，不須議會同意即可行使。隨著近代議會內閣制的發展，行政權的實際主導者，由君主轉移至議會產生的內閣。依照憲政慣例，多數皇家特權，目前由以首相爲首的內閣官員代爲行使。鑒此，首相可行使皇家特權，且不須獲議會同意。

由於皇家特權的具體範圍缺乏清楚規定，首相或內閣行使皇家特權時，易引起爭議。皇家特權屢受質疑遭到濫用，被譏爲行政權煙霧彈。

不過，近年來英國首相對於皇家特權的使用，出現謹愼自制的發展。特別在可以使用皇家特權但具高度爭議性的外交事務上，例如布萊爾 2003 年出兵伊拉克與卡麥隆 2015 年空襲敘利亞境內伊斯蘭國，首相傾向於議會投票通過後，方行使皇家特權出兵。

2017 年 1 月 24 日，英國最高法院裁決，英國政府啓動《里斯本條約》第 50 條展開脫歐程序前，必須提案並獲國會通過。英國脫歐的影響巨大廣泛，包括將改變英國國內法及英國公民的權利。英國最高法院因此裁決，英國政府無權行使皇家特權逕行脫

歐。英國最高法院院長紐伯格（Lord Neuberger）指出，脫歐將造成脫離歐盟法源與法律權利改變的重大變更，因此根據英國憲政運作，如此重大改變須由議會清楚授權（BBC News, 2017）。倘若政府避開議會而行使皇家特權啟動脫歐，將牴觸英國數百年來建立的「議會至上」憲政原則。

英國最高法院做出裁決後，梅伊政府尊重最高法院判決結果，並隨後於議會提出《歐盟（退盟知會）法案》（European Union (Notification of Withdrawal) Act 2017）。此外，2017 年 2 月，梅伊政府提出脫歐政策白皮書，以回應議會審查的要求，並承諾將最終脫歐協議交付議會表決。

2017 年 3 月，議會通過《歐盟（退盟知會）法案》，授權英國首相根據歐盟《里斯本條約》第 50 條啟動脫歐。這項法案內容寥寥數行，卻意義重大。該法案不僅是英國脫歐之路起點，亦為英國脫歐歷史性法案。

《歐盟（退盟知會）法案》的通過，彰顯英國「議會主權」（parliamentary sovereignty）的憲政特色。1688 年光榮革命後，君主、上院、下院三者共同組成的「議會」，取代過去的專制王權，成為國家最高權力機構。英國憲法學家戴西（Albert Venn Dicey）於 1885 年出版的《憲法研究導論》（*Introduction to the Study of the Law of the Constitution*）一書中，勾勒「議會主權」的原則，亦即由君主、上院、與下院所組成的議會，享有英國最高主權（Dicey, 1885）。一方面，議會可以任意制定法律。另一方面，沒有其他人或機構，有權否定議會的制定法。

然而，英國憲法為不成文憲法，憲法內容無法精確定義，遭致批評「國王的新衣」。特別是，不成文憲法中的憲政慣例，為經年累月形成的政治規則與默契，未形諸文字，易形成灰色地帶或遭到濫用。梅伊政府原先計畫行使皇家特權，繞過國會逕行脫歐，即為

一例。

梅伊政府最終放棄使用皇家特權脫歐，轉而回歸議會審查及表決，彰顯「議會至上」爲英國憲政運作的重要基石。梅伊運用皇家特權逕行脫歐的事件突顯出，透過司法權的監督制衡，首相行政權免於受到濫用，且議會立法權得以獲得保障。

二、強生政府：脫歐與休閉議會

2019 年 8 月，英國首相強生向女王提出休閉議會請求，並獲批准。休閉（prorogation），爲英國議會舊會期結束至新會期開始之間的短暫休會，或是議會解散前的短暫休會（UK Parliament, 2020）。

原則上，每年新舊會期交接之際，議會進行休閉。然而，這項議會運作的正常程序，卻成強生的非常手段。強生提出議會休閉，引起排山倒海的批評聲浪，主因有二。

首先，此次議會休閉，長達五週。根據英國下院資料顯示，過去四十年，下院每次休閉時間，未有超過三週。2010 年以降，下院休閉平均天數爲八天。以 2017 年議會休閉爲例，爲時僅六天（Cowie, 2019: 7-8）。強生休閉議會的時間，與往例相較顯得過長而不尋常。

其次，此次議會休閉，正值英國脫歐關鍵時刻。休閉時機與動機，啓人疑竇。依強生計畫，議會休閉原本預計約從 2019 年 9 月 10 日起迄 10 月 14 日。按此規劃，10 月 14 日議會重新開議時，將由女王發表英王演說，演說內容爲強生政府施政與立法計畫，包括外界關注的英國脫歐政策。倘若依照強生計畫，10 月 14 日議會新會期開始後，10 月 31 日的脫歐期限接踵而至。議員履行職責的時間，剩不到兩週。

　　強生休閉議會，引發外界質疑。一方面，議會終止運作，有利強生淨空議會戰場，遂行推動脫歐。二方面，脫歐大限前休閉議會，展現強生硬脫歐決心，並可藉無協議脫歐風險攀升，向歐盟施壓對英國讓利。

　　強生強調，議會休閉無涉脫歐，且新會期開議後，議員仍有充分時間審議脫歐政策。然而，強生否認議會休閉的脫歐動機論，反而加深各界質疑強生掩耳盜鈴，有「此地無銀三百兩」之嫌。

　　英國政壇與民間指責，議會休閉淪為強生壓制下院反對勢力的政治武器。反對黨工黨領袖柯賓（Jeremy Corbyn）批評，強生休閉議會，是對民主砸窗搶劫的罪行（Sky News, 2019）。下院議長貝爾考（John Bercow）亦提出抨擊，他認為無論如何包裝，此次休閉議會目的昭然若揭，亦即防止議會行使職責審查脫歐事務。貝爾考並指責強生休閉議會為「憲政惡行」（BBC News, 2019）。英國民眾發起示威抗議及連署，抨擊強生休閉議會乃戕害英國民主。

　　2019 年 9 月 24 日英國最高法院裁決，強生休閉議會舉措違法。針對最高法院裁定，強生表示不同意但願意尊重最高法院裁決。英國議會於英國最高法院裁決後隔日，旋即恢復開議。議會休閉引發的民主爭議，再次突顯議會在英國憲政秩序中扮演的核心角色。

　　英國脫歐過程中，突顯英國權力分立的精神。特別是，隨著 2009 年英國最高法院的成立，英國建立起行政、立法、司法的權力分立模式，並於英國脫歐過程中展現權力之間的相互制衡。

　　近代有關「權力分立」（separation of powers）的觀念，受到英國政治哲學家洛克（John Locke）及法國思想家孟德斯鳩（Baron de Montesquieu）等學者主張的影響，並於十七世紀以降逐漸發展成熟。首先，洛克於 1689 年出版的《政府論兩篇》（*Two Treatises of Government*），主張將政府權力劃分為立法權、行政權、與外交

權，分別由不同機關行使，以防止專制或濫用權力。

其次，孟德斯鳩於 1748 年的著作《法意》（*The Spirit of the Laws*）一書中，提出權力分立概念，主張行政權、立法權、及司法權應分屬不同機關，三者相互制約，以形成國家機關的權力平衡。洛克和孟德斯鳩提出權力分立原則後，此一觀念逐漸發展，成為現代國家廣為採納的一項重要憲政原則。

權力分立的概念，已為當代國家廣為接受。廣義而言，部分學者主張，權力分立是憲政主義重要內涵，所有的憲法皆應遵循此一原則（Barendt, 1997: 140-142; Vile, 1998; Lane, 1996; Carolan, 2009）。狹義而言，亦有學者認為權力分立原則，是總統制國家的憲政特徵，而不適用採行總統制之外其他憲政體制的國家（Galabresi and Bady, 2010; Hathaway, 2010）。

孟德斯鳩提出的權力分立概念，受到羅馬與英國政府分權經驗啟發。以當時英國的分權制度為例，政府權力分散於君主、議會、和法院之間。英國是啟發孟德斯鳩建立權力分立概念的重要藍本，但隨著英國憲政體制演進，特別是政黨體系與選舉制度的發展，英國政府的權力分立，逐漸發展成行政權和立法權融合的「議會內閣制」。

此外，2009 年之前，英國上議院不僅為英國的立法機關，同時亦為英國最高司法機關。上議院大法官（Lord Chancellor），同時身兼立法（上議院的議長）、司法（英國司法系統首長及最高上訴法院大法官）、與行政（內閣成員）三種要角。因此，英國建立的議會內閣制呈現行政權、立法權、與司法權相互連結的「權力融合」或「權力合一」（fusion of powers）特色，而非總統制國家下行政、立法、與司法權相互分立的權力分立特色。

於此背景下，對於權力分立概念是否適用英國憲政體制，學界看法各有不同。長期以來，英國學界認為權力分立為英國憲法重要

原則，但英國憲法的權力分立，相較於總統制國家的權力分立，相對較為弱化。雖然孟德斯鳩提出權力分立概念時，以英國為參考來源，但如同英國權威憲法學者戴西指出，英國的憲法是一種「弱化的權力分立」（Dicey, 1885）。

特別是 1688 年英國光榮革命之後，英國建立起「議會主權」憲政原則。於此原則之下，英國「議會」象徵英國主權，[1]英國議會可以制定或不制定任何法律，且英國議會制定的法律享有法律至高性。十九世紀以降，隨著選舉制度和政黨政治的發展，議會內閣制逐漸成熟。獲得勝選的議會多數黨領袖，成為英國首相的憲政慣例因而建立。議會內閣制下，首相同時身兼政府的行政首長及議會多數黨領袖，形成行政權和立法權合一的情況，因此享有掌控政府的最大權力。

近數十年來英國學界迭有批評聲浪，認為英國政府權力過度集中，甚至形成「行政獨大」的情況（Heffernan and Webb, 2007; Benn, 1985; Foley, 1993, 1994, 2000; Seymour-Ure, 1984; Young and Sloman, 1986; Wapshatt and Brock, 1983）。於此情形下，英國政府的權力分立，與總統制國家的權力分立機制相較，顯得相對弱化。

針對權力分立概念於英國的適用性，學者普耐特（Robert Malcolm Punnett）提出質疑。他指出，英國憲政體制的基本特色是「正式的權力集中」（formal concentration of authority），而不是權力分立或權力分散（Punnett, 1994: 171）。普耐特認為，英國不成文憲法及議會內閣制的運作下，英國政府（特別是首相）享有很大權力，呈現權力集中的情況，並和權力制衡的美國形成明顯對比（*Ibid.*）。

---

[1] 此處討論的英國議會，指涉憲政涵義上的英國「議會」（Parliament），包括君主、上議院、及下議院三者。

然而，英國學界針對「權力分立」於英國適用性的普遍質疑，自 1990 年代起，出現不同於以往的轉變。學者巴伯（Nicholas W. Barber）觀察到，1990 年代時期，學界對英國權力分立的研究興趣，顯現緩慢的復甦熱潮（Barber, 2012: 8）。許多學者紛紛主張，權力分立爲英國憲法的一個基本面向，權力分立的原則不僅可以從制度結構中體察，同時英國也應適用此一原則（Barber, 2012: 8-9; Carolan, 2009; Barendt, 1995; Allan, 1993）。

學者巴伯亦主張，權力分立是英國政府體系一項重要原則，而權力分立於議會內閣制國家的不適用性，遭到誇大（Barber, 2012: 9）。巴伯認爲，英國政府的行政權與立法權，彼此之間具有強大政治連結，但兩者之間仍有重大差異。特別是英國行政部門，具有規模龐大的組織，且多數行政部門的公務人員皆非議會的組成分子（Ibid., 9-10）。巴伯更進一步指出，倘若去除政府部門間的政治連結，議會內閣制國家的行政和立法間分野，較之於總統制國家行政和立法間分野，來得更爲清楚（Ibid., 10）。

再者，就立法權與司法權之間的權力融合而言，英國上議院爲英國立法機關，2009 年之前上議院亦爲英國最高司法機關。但在實際運作上，2009 年之前上議院法律貴族在上議院司法委員會之外的立法過程中，角色相當受限（Barber, 2012: 9）。此外，2009 年英國最高法院成立，取代上議院成爲英國最高司法機關，12 名上議院「上訴司法貴族」轉任最高法院法官。這 12 名上議院「上訴司法貴族」不能在上院出席或投票，但自最高法院卸任法官後，得恢復其上院議員議席（House of Lords, 2020）。2009 年英國最高法院成立後，英國立法權與司法權之間的分野，因而變得更爲明確。權力分立適用於英國政治體制的主張，近二十年以來逐漸獲學界更多支持。

綜上所述，權力分立原則於英國的適用性，長期以來在英國學界互有爭論，隨時代更迭互有消長。廣義而言，權力分立爲透過政

府部門間的權力制衡及相互監督，達到防止濫權的民主目的。若採廣義的權力分立概念，權力分立作爲憲政主義重要原則，可適用各種不同憲政體制的分析，不會過分拘泥不同憲政體制（例如議會內閣制抑或總統制）間表面差異。

英國的議會內閣制，呈現出行政、立法、司法權相互連結的權力融合特色，而非總統制國家下行政、立法、司法權相互分立的權力分立特色。但是，英國的議會內閣制，仍具權力分立精神，符合廣義的權力分立概念。

特別是，隨著 2009 年英國最高法院的成立，英國建立起行政、立法、司法的權力分立新模式，在英國脫歐過程中展現權力制衡，且運作得宜。英國脫歐，一方面引發行政、立法、司法權的相互角力，另一方面也體現英國憲政體制中權力分立精神。

英國是現代立憲國家中，少數沒有成文憲法的國家。然而，透過近千年憲政制度與原則不斷發展與累積，英國不成文憲法得以繼往開來，成爲英國政治運作的基石。脫歐過程中，特別在脫歐期限壓力下，英國屢次面臨無協議脫歐風險，使英國政治陷入衝突與混亂。難能可貴的是，英國憲政體制的運作仍在軌道之上，包括權力分立原則在內。

第二節　人民至上 vs. 議會至上

英國脫歐過程中，除了造成上述行政、立法、司法權的角力外，亦引發有關民主的另一個爭議，亦即人民至上或議會至上的辯論。2016 年英國脫歐公投中，多數選民選擇脫歐。然而，後續脫歐過程中，英國議會屢屢未能通過脫歐相關法案，成爲脫歐阻力。

英國政府推動脫歐法案，卻於下院屢次失利，主要原因有

二。首先，2017 年英國提前舉行國會大選，保守黨政府雖得以繼續執政，但卻失去過半議席。2017 年國會大選前，保守黨擁有國會多數席次。2017 年 4 月梅伊宣布國會提前舉行改選時，保守黨支持率大幅領先工黨約 20 個百分點。梅伊盱衡政治情勢，認為國會提前大選對保守黨顯得有利，並可藉機強化梅伊的民意基礎與領導地位，以利推動後續脫歐談判與法案。

但是，2017 年 6 月 8 日國會大選結果，卻是「懸峙國會」或「僵局國會」（hung parliament），即無一政黨取得國會過半席次。

選舉結果出爐後，保守黨於國會 650 席拿下 317 席，比原先席次減少 13 席。相反地，選戰開始後，工黨民調不斷攀升。工黨於大選獲得 262 個席次，較原先席次大幅增加 30 席（House of Commons Library, 2019）。選前預期的保守黨大勝及工黨大敗，情勢逆轉為保守黨險勝而工黨大有斬獲。

依照英國《固定任期議會法案》，梅伊原本可安坐首相大位至 2020 年，卻決定提前大選且失去保守黨在議會的過半議席優勢。大選結果顯示，這場原本不必舉行的大選，成了一場不需要的選舉。

其次，針對英國與歐盟的脫歐協商結果，英國下院多數議員抱持反對態度。梅伊政府與強生政府分別與歐盟取得的脫歐協議，工黨、自由民主黨、蘇格蘭民族黨等政黨，皆表示反對。

保守黨內部亦出現反對英歐協議的留歐派聲浪。在缺乏過半席次的政治現實與議會中留歐派勢力強烈反制下，梅伊推動脫歐法案屢次失利而黯然下台，並造成 2019 年強生政府決定提前國會大選，以打破僵局國會困境。

脫歐過程中，人民選出的議會，卻反對公投中的人民選擇，彷彿成為人民的敵人。人民至上或議會至上，因而成為英國脫歐引發的民主爭議。

一、人民至上

2016 年脫歐公投中，多數選民做出希望英國脫離歐盟的選擇。公民投票作爲直接民主的一種方式，目的爲補充代議民主之不足。公投的結果，被視爲人民意志的展現，應受到政府或議會尊重。英國與歐盟協商取得的脫歐法案，卻數度遭下院否決。英國議會成爲脫歐派人士眼中藐視民意的「全民公敵」。

脫歐公投結束後，英國政府的立場，從卡麥隆、梅伊到強生，皆承諾支持人民的選擇。前首相卡麥隆舉行脫歐公投，將英國與歐盟關係的難題問信於民。

2016 年脫歐公投後隔天，雖然公投結果未如其所願，卡麥隆仍呼籲應尊重人民選擇。他表示：「我們不僅有議會民主，關於我們如何被治理的問題，有時候問信於民是正確的，而我們也做到了。英國人民投票決定脫離歐盟，人民意志應該獲得尊重」（Cameron, 2016）。

梅伊接任首相之初，不斷強調「脫歐就是脫歐」，彰顯政府尊重公投中的民意展現。2017 年國會大選後，梅伊強調政府將儘速展開與歐盟協商，帶領英國脫歐以「執行英國人民的意志」（May, 2017）。

2018 年梅伊政府的脫歐白皮書《英國與歐盟未來關係》（*The Future Relationship between the United Kingdom and the European Union*）中，揭示政府貫徹脫歐以展現民主價值的決心：「政府會將 2016 年公投結果付諸實行，這場公投是本國歷史上最大規模民主運動」（UK Government, 2018: 6）。

2019 年 7 月強生接下首相職位的首次演說中，他表示應尊重公投的人民選擇：「……最終脫歐是英國人民的重大決定，而英國人民希望法律制定者，由人民選擇且可使其去職，我們現在應該尊

重這個決定」（Johnson, 2019a）。

　　面對脫歐公投後脫歐派與留歐派間嚴重分歧，從卡麥隆、梅伊到強生，皆主張應服膺人民意志，尊重公投的結果。相反地，倘若無視或違逆公投中人民的選擇，對於民選產生的政府而言，猶如失信於民。

　　此外，英國強烈主張脫離歐盟的政黨，包括英國獨立黨與英國脫歐黨，皆主張應尊重2016年英國脫歐公投結果，認為違反人民意志乃悖離民主價值。一方面，1993年成立的英國獨立黨，長期以來為英國政壇上倡議英國脫歐主要政黨，並在英國脫歐公投中扮演重要角色。英國獨立黨黨魁法拉吉，為公投中脫歐派大將，被稱為「脫歐先生」。

　　2019年初，梅伊政府脫歐議案於下院遭遇挫敗後，法拉吉撰文批評議會凌駕人民意志，乃違反民主的行為。法拉吉抨擊議會自認高人一等：「問題在於議會拒絕接受人民意志。2016年超過1,700萬人投票脫歐，但我們的政治階級，認為他們比一般民眾懂得更多」（Farage, 2019）。

　　英國脫歐黨為英國政黨中，立場最鮮明的脫歐派政黨。英國脫歐黨於2019年1月成立，並於同年2月註冊為政黨。英國脫歐黨雖為成立時間較短的年輕政黨，但英國脫歐黨黨魁法拉吉為近年英國政壇倡導脫歐要角，並曾出任英國獨立黨黨魁。

　　2019年國會大選中，英國脫歐黨提出的競選政綱，名為「與人民的契約」（Contract with the People）。英國脫歐黨競選綱領中，揭櫫該黨脫歐政策為「乾淨脫歐」（Clean-Break Brexit），以執行2016年英國脫歐公投的人民選擇，並主張「執行英國歷史上最大民意指令，對恢復我們的民主信念至為關鍵」（Brexit Party, 2019: 3）。英國脫歐黨競選綱領中，亦提出關於民主的質疑：「倘若少數議員否決人民表現的意志，我們的民主社會何以為繼」（Ibid.）。

2016 年 6 月脫歐公投後，歷時逾三年半，英國方於 2020 年 1 月 31 日脫離歐盟。根據 2019 年 10 月一份民調顯示，對於英國政府再次延長脫歐期限，57% 公投中選擇脫歐者感到失望，22% 公投中選擇脫歐者感到心煩。此外，對於強生政府未能如期於 2019 年 10 月 31 日完成脫歐任務，49% 公投中選擇脫歐的受訪者感到遭受背叛（Chorley, 2019）。英國民眾面對脫歐進程不斷延宕，不滿情緒逐漸增高，並引發脫歐派人士反彈，指責英國政府背叛公投的人民選擇，違反民主精神與價值。

二、議會至上

英國脫歐過程中，再次突顯議會主權原則在英國政治中扮演重要角色。1688 年光榮革命後，議會主權憲政原則，成為英國憲政運作核心。由君主、上院、下院組成的「議會」，成為國家最高權力機構。

自英國加入歐體到脫離歐盟，議會主權始終扮演關鍵角色。1971 年 10 月，保守黨籍首相希斯於下院，說明英國申請加入歐體政策，他特別強調英國申請入歐的重要決定，應獲議會認可。希斯強調：「我總是向英國人民清楚表示，加入歐體同意權在於議會。議會是所有人的議會」（Heath, 1971）。

2016 年英國脫歐公投，多數人民選擇脫離歐盟。公投後，由於英國脫歐相關法案，未能取得議會多數支持，導致脫歐進程陷入僵局。英國脫歐過程中，以下幾項事件，突顯議會至上的原則。

其一，梅伊政府及強生政府的脫歐法案，屢次遭到下院議員反對，功敗垂成。2018 年底，梅伊政府與歐盟費時近兩年，終於達成脫歐協議。對脫歐派而言，梅伊政府的脫歐方案，是名義上脫歐但實質上留歐的「軟脫歐」。這份半脫歐、半留歐的折衷協議，亦

非留歐派樂見。因此，梅伊政府的脫歐協議，於 2019 年在英國議會遭三次否決。

首先，2019 年 1 月 15 日，梅伊政府的脫歐協議在下院遭到歷史性慘敗，英國下院以 432 票反對，202 票同意的懸殊比數，否決梅伊政府的脫歐議案。反對與同意之間的差距高達 230 票，成爲英國歷史上政府議案在下院遭遇的最嚴重挫敗。

其次，是年 3 月 13 日，梅伊政府的脫歐議案，再次遭遇下院以 391 票反對，242 票同意的懸殊比數否決，反對與同意之間的差距高達 149 票。

最後，2019 年 3 月 29 日，英國下院以 344 票拒絕，286 票同意的比數，三度否決梅伊政府的脫歐議案，反對與同意間的差距爲 58 票。有關梅伊脫歐協議與議會表決，請參閱表 3-1。

表 3-1　梅伊脫歐協議與議會表決

梅伊脫歐協議於下院之表決	日期	下院反對票數	下院支持票數	反對與支持之落差
第一次表決	2019.1.15	432	202	230
第二次表決	2019.3.13	391	242	149
第三次表決	2019.3.29	344	286	58

資料來源：作者整理。

脫歐議案在下院叩關三度失利後，對梅伊政府形同重大政治挫敗。2019 年 3 月 29 日，面對脫歐協議在議會遭到三次否決，梅伊也承認，脫歐的議會審議過程恐達臨界點（May, 2019）。

面對保守黨黨內逼宮壓力與黨外對其領導能力的質疑，2019 年 5 月 4 日，梅伊宣布辭職，並於 6 月 7 日辭去保守黨黨魁及英國首相職務。梅伊的下台，突顯議會在脫歐進程扮演核心角色。

　　2016 年脫歐公投人民選擇脫歐，但在脫歐過程中，英國議會多數議員對脫歐並不支持。脫歐議案審查過程中，多數議員未依照公投的人民選志，而按照自身意志與判斷，行使代議士職責。對於支持留歐議員來說，面臨選區脫歐派選民反彈與自身對脫歐事務看法的矛盾與掙扎。

　　身為執政黨的保守黨議員，對於政府的脫歐協議亦不表支持，多次出現倒戈投票情況。以 2019 年 1 月 15 日梅伊政府脫歐協議表決為例，保守黨議員高達 118 人投下反對票，是保守黨議員近代最嚴重倒戈事件之一。

　　其二，脫歐過程中，政府曾遭議會通過「藐視議會」（contemp of parliament）決議，被迫公布政府原先不願意公開的資訊，突顯英國議會監督政府的權力。2018 年底，梅伊與歐盟達成脫歐協議，並於議會提出脫歐協議草案。脫歐協議草案在議會審議過程中，政府卻拒絕公布草案的全部法律建議。

　　2018 年 12 月 4 日，最大在野黨工黨提出議案，主張政府未公布完整法律建議，為藐視議會的違法行為。議會繼之以 311 票支持，293 票反對通過動議，成為英國歷史上議會首次判定政府藐視議會。是年 12 月 5 日，政府因而被迫公布完整法律建議。藐視議會動議的通過，象徵立法權與行政權相互制衡，成為具憲政意義的里程碑事件。

　　其三，梅伊政府行使皇家特權繞過議會逕行脫歐，以及強生政府休閉議會，最後皆因最高法院援引議會主權原則而遭判違法，強調議會至上為英國憲政運作重要基石。

　　一方面，2017 年 11 月 24 日英國最高法院裁決，英國政府啟動《里斯本條約》第 50 條展開脫歐，須獲得議會通過。英國最高法院裁示指出，英國政府進行脫歐，相關立法應於議會表決，以符合光榮革命後建立的議會主權原則。

英國最高法院於裁決書結論明確表示：「啓動《里斯本條約》第 50 條的過程，應牽涉議會與行政的夥伴關係。但這不意謂只有啓動脫歐需要立法。執行脫歐將無庸置疑地需要立法，包括立法形式與時機的過程，可以也應該由議會而非法院決定。如此一來，才不會違反十七世紀以來建立的憲政原則，亦不會對議會主權構成威脅」（The Supreme Court, 2017: 94）。

另一方面，2019 年強生休閉議會引發爭議，遭英國最高法院裁決違法，再次顯示議會至上的憲政原則。2019 年 9 月 24 日英國最高法院裁決，強生在脫歐期限逼近之際休閉議會五週，違反議會主權原則而不合法。

英國最高法院裁定強生違法，引用英國憲法兩項基本原則，包括議會主權與議會課責。英國最高法院於裁決書中，強調議會主權的重要：「設若行政部門恣意使用皇家特權，防止議會行使立法權，則議會主權此項憲法基本原則將受傷害……皇家特權的無限制權力，因此與議會主權的法律原則相悖」（The Supreme Court, 2019: 16）。

英國最高法院裁決書中亦指出，長時間休閉議會，對議會課責的憲政原則造成戕害。裁決書申言：「倘若議會如常短暫休閉，〔議會課責〕原則不會陷於危殆……但是議會如果休閉愈久，將造成更大風險，使責任政府淪爲無法課責政府，亦即民主模式的對立」（Ibid., 18）。

英國脫歐公投後，人民意志與議會權力相互角力。人民至上或議會至上，究竟孰優孰劣，此一議題，被推上英國憲政辯論的風口浪尖。

英國脫歐過程中，不斷彰顯英國憲政秩序的核心原則，亦即議會主權原則。英國議會爲英國憲政主體，享有最終及絕對的立法權力。政府議案未能獲得多數議會議員支持，則無法通過。一如脫歐

過程中，梅伊政府與強生政府的脫歐議案，因未能在議會取得多數支持而屢遭挫敗。此外，英國是代議民主為主，直接民主為輔的憲政體制。英國公投雖是人民意志的展現，但公投僅為輔助代議民主的方式。可以做出最終決定的政治機構，是英國議會。

第三節　二次公投：民主後悔藥？

英國脫歐公投之前，英國政府及主要政黨皆主張留歐。主流媒體臆測脫歐公投不會通過。不過，公投結果跌破眾人眼鏡。英國政府與民眾對此結果大感意外，亦引起全球關注。

面對令人意外的公投結果，英國朝野出現感到反悔的態度。民主是否有後悔藥？英國政壇與民眾，繼之展開一段民主與後悔的思辨之旅。

脫歐公投的結果，脫歐派險勝。不過，公投後民調顯示，支持留歐的民意逐漸增加。面對公投結果，部分英國選民開始感到後悔。

根據英國民調專家柯諦斯（John Curtice）研究顯示，2016 年脫歐公投後，認為脫歐是錯誤決定的受訪者比例，不斷增加。此外，柯諦斯指出，2017 年英國國會改選造成保守黨政府失去國會多數，成為民意翻轉的重大分水嶺。2017 年國會大選後，民調顯示留歐派小幅且穩定地領先脫歐派（The New European, 2020）。

由於公投象徵人民意志的直接展現，首相梅伊與最大反對黨領袖柯賓，皆表示應尊重 2016 年公投結果並反對二次公投。在脫歐過程中，面對留歐派勢力的強烈反制，梅伊與柯賓對二次公投的態度，最終也出現戲劇性轉變，從堅決反對到妥協接受。面對脫歐民意轉向的巨大壓力，梅伊與柯賓對二次公投的態度，最後皆出現

一百八十度政策轉彎。

　　一方面，梅伊 2016 年接下脫歐任務時，強烈反對二次公投，並主張應尊重公投結果。然而，梅伊與歐盟達成的脫歐協議，於 2019 年在下院屢次失利。梅伊因此不得不做出妥協，向下院議員表示，若議員支持政府的脫歐協議，則下院可決定是否要舉行二次脫歐公投。梅伊做出脫歐最後賭注後數日，卻不敵黨內外的強大逼宮壓力而宣布辭職。二次公投的政策讓步，成為梅伊政治生涯最後賭注。

　　另一方面，工黨領袖柯賓對於二次公投，亦呈現政策反覆情況。對於二次公投中是否支持留歐或脫歐，柯賓始終抱持模糊態度，未給予肯定答案，因此招致不少批評。脫歐公投後，柯賓一開始即表態反對二次公投。2016 年 8 月，柯賓表示：「我認為我們已舉行公投，也做出決定。你應該尊重人民的決定。我們被賦予這個選擇，支持舉行公投，我們必須遵守這個決定」（Waugh, 2016）。

　　2019 年底英國舉行國會改選時，柯賓終於妥協並願意支持二次公投，但仍未就二次公投中支持留歐或脫歐表態。柯賓對於二次公投的政策退讓，顯示其與梅伊最終不敵民意轉向的壓力。

　　除了有關二次公投的辯論之外，英國脫歐過程中亦有民眾主張英國應終止脫歐。公投後部分民眾感到後悔，希望能夠反轉公投結果。以下就脫歐過程中，支持二次公投，反對二次公投，以及終止脫歐的主張，次第分析如下。

一、支持二次公投

　　隨著脫歐協商不斷進展，英國民眾逐漸體認，脫歐過程複雜艱難。部分英國民眾對脫歐公投結果感到後悔，希望舉行二次脫歐公投。要求二次公投聲浪，不斷攀高。

　　根據英國民調機構 YouGov 於 2018 年 7 月調查，首次出現支持就脫歐協議進行二次公投的比例（42%）高於反對者所占比例（40%）（YouGov, 2018b）。這份民調顯示，英國民眾認為應該以政府與歐盟達成的脫歐協議為基礎，再舉行一次公投，以決定英國是否脫歐。

　　2018 年 10 月，英國倫敦舉行一場要求二次公投的遊行，吸引近 70 萬人參加。這場示威遊行，成為 2003 年反伊拉克戰爭以來，英國規模最大的反政府政策遊行，顯示要求二次公投的民意高漲。

　　英國政壇亦出現主張二次公投的聲音，例如保守黨籍前首相梅傑與工黨籍前首相布萊爾，皆加入支持二次公投陣營。前首相梅傑表示，脫歐的影響非常巨大，應給人民再一次審慎抉擇的機會。針對 2016 年脫歐公投選舉屢遭質疑，梅傑強調：「基於確證事實而非散布謊言的投票，其道德與民主基礎堅若磐石」（Major, 2018）。

　　前首相布萊爾則主張，當其他脫歐選項窮盡之後，將最後決定權交給人民，是一個合乎邏輯的結果。布萊爾認為：「如果沒有其他脫歐選項，議會最後將會出現支持二次公投的多數」（BBC, 2018）。

　　2019 年國會大選中，工黨將二次公投選項納入競選綱領。在此之前，工黨領袖柯賓對於舉行二次公投，則是採取反對態度。

　　工黨於 2019 年國會大選提出的競選綱領，名為「現在是真正改變的時刻」（It's Time for Real Change）。工黨競選綱領中，脫歐政策要點包括以下數端。首先，競選綱領指出，國會大選後三個月，工黨將爭取合理的脫歐協議。其次，六個月之內，工黨將舉行脫歐公投，針對工黨與歐盟取得的脫歐協議和英國續留歐盟這兩個選項，進行全民表決（Labour Party, 2019）。此外，工黨希望透過與歐盟協商，爭取更好的脫歐協議，其中包括希望爭取英國留在歐盟關稅同盟，以及英國與歐盟單一市場維持緊密關係。倘若舉行二

次脫歐公投，工黨黨魁柯賓強調，他將保持中立，以利執行公投結果（*Ibid.*, 89）。

二、反對二次公投

自接下英國脫歐任務至 2018 年，梅伊面對二次公投呼聲，始終堅持反對立場。梅伊主張，2016 年英國人民已做出脫歐選擇，政府若違反人民意志，即為民主的背叛。面對與日俱增的二次公投要求，2018 年 9 月梅伊撰文呼籲，應尊重 2016 年的公投結果：「數十年來，人民首次相信，他們的選票算數。多年感覺被政治忽視後，他們的聲音會被聽見」（ABC News, 2018）。梅伊於該文中，亦對二次公投提出批評：「不斷再次問人民相同問題，是對我們民主的巨大背叛，也是對信任的背叛」（*Ibid.*）。

強生政府對二次公投，亦表示強烈反對。強生認為，二次公投對民主的信任原則，將造成巨大衝擊（Johnson, 2019b）。2019 年 12 月國會大選保守黨競選綱領中，明確指出若是強生連任，誓言脫歐且不會舉行二次公投。12 月國會大選中，保守黨的脫歐政策為脫離歐盟。保守黨黨魁強生，希望以 2019 年 10 月英國與歐盟達成的脫歐協議為基礎，於 2020 年 1 月 31 日前帶領英國完成脫歐任務。

保守黨於 2019 年國會大選提出的競選綱領，名為「完成脫歐：發揮英國潛能」（Get Brexit Done: Unleash Britain's Potential）。競選綱領中強生強調，保守黨尊重 2016 年脫歐公投展現的「人民的民主意志」（Conservative Party, 2019: 3），並警告若工黨與蘇格蘭民族黨勝選並合作，英國將迎來二次脫歐公投及二次蘇格蘭獨立投，而保守黨強烈反對這兩個公投（*Ibid.*, 89）。

英國脫歐派大將，亦即英國獨立黨黨魁法拉吉，曾批評二次公

投的民主正當性。他認爲：「〔二次公投〕最終關係到對我們民主
過程的信任。就這麼一次，政治人物同意讓人民就〔脫歐〕這個重
大議題做出決定。在第一次決定尙未執行前，忽視人民或讓人民再
投票一次，將對我們國家造成極度傷害」（Farage, 2019）。

由於公投結果已成定局，想要透過再次公投推翻前一次公投結
果，招致特別是脫歐派政黨與政治人物的反對，認爲這將破壞民主
運作遊戲規則。反對二次公投派人士憂心，如果公投不斷舉行，將
導致議題爭議沒完沒了。

三、終止脫歐

2016 年脫歐公投結果顯示，脫歐派獲得 51.9% 的選票，留歐
派則取得 48.1% 的選票。脫歐派與留歐派差距，不到 4 個百分點。
公投結果爲脫歐派勝出，但支持留歐的聲浪仍不斷醞釀。

英國與歐盟的脫歐協商過程中，英國脫歐派與留歐派的勢
力，始終不相上下。依據 2018 年 11 月一份民調指出，若有二次公
投，約有三成二的選民選擇留歐。留歐派以 8 個百分比的差距，領
先脫歐派（Survation, 2018）。留歐派支持者中，有一種呼聲亦不斷
增高，即主張英國終止脫歐。

英國於 2017 年正式啓動脫歐，「脫歐是否可以終止？」始終是
留歐派支持者關心的問題。脫歐條款《里斯本條約》第 50 條，未
就此問題具體規定。然而，根據起草該項條款的前英國駐歐盟大使
柯爾（Lord John Kerr）表示，啓動脫歐並非不可逆轉。

柯爾說明當初撰寫該條款的信念：「我相信這個條款中，沒
有任何限制作爲一個歐盟成員國享有的權利，包括改變我們的心
意，選擇留下來，以及保留我們現有的權利、特權、和選擇退出
權」（Kerr, 2018）。因此，英國政府若放棄脫歐，英國脫歐之路，

亦可能出現重大變遷。

　　歐洲法院於 2018 年 12 月 10 日裁定，《里斯本條約》第 50 條容許英國有權在未經其他成員國同意的情況下，中止退出歐盟的行動（Court of Justice of the European Union, 2018）。易言之，英國可以單方面撤回脫歐決定。歐洲法院這項裁定，讓英國留歐派大受鼓舞，也為英國終止脫歐可能性留下一個伏筆。

　　英國雖已於 2020 年 1 月 31 日 11 時脫歐，但英國留歐派希望英國續留歐盟的呼聲，仍繼續存在。根據民調機構 YouGov 於脫歐日（2020 年 1 月 31 日）後半年的追蹤調查，針對「事後來看，你認為英國投票脫歐是正確或錯誤？」此一問題，十一次的民調中有十次顯示，受訪者認為脫歐是錯誤決定。

　　以民調機構 YouGov 於同年 8 月 19 日民調為例，45% 的受訪者認為脫歐是錯誤決定，而 40% 的受訪者認為脫歐是正確決定（National Centre for Social Research, 2020）。後脫歐時代，英國將如何前行並回應留歐派呼聲，值得後續觀察。

　　綜論之，英國脫歐公投過程中，出現諸多關於英國民主的爭議，包括前述立法、行政、司法權的衝突，人民至上或議會至上的辯論，以及二次公投甚或終止脫歐的討論。英國脫歐公投後，由於脫歐派與留歐派的嚴重分歧，屢次引發英國政治的民主內戰。

　　脫歐使英國這個老牌民主國家陷入紛擾。然而，也正是脫歐，再次突顯民主母國的韌性與精神，包括議會主權、權力分立、議會課責、皇家特權的權力節制等。英國脫歐過程引發的憲政危機，卻也成為英國憲政秩序的體現，以及英式民主的自省轉機。

第四章
「脫歐」與「脫英」

　　2016 年英國舉行脫歐公投時，選民面對脫歐與否問題，費盡思量。當時英國選民尚未意識到，脫歐的難題不僅是處理英國與歐盟之間的關係，同時亦將刺激英國國內分離主義的發展。

　　英國自 2017 年 3 月 29 日啟動脫歐後，開啟與歐盟的脫歐協商。協商過程中，英國卻發現北愛邊境問題，竟成為脫歐議題中最棘手難題。英國脫歐後，倘若北愛與愛爾蘭共和國出現硬邊界，將對數十年來北愛與愛爾蘭間沒有邊檢的現狀造成重大改變，並對目前北愛地區的和平穩定投下變數。

　　除了北愛議題之外，脫歐亦引發蘇格蘭與威爾斯地區的分離主義發展。特別是，蘇格蘭和威爾斯地區政府發現，脫歐成為地方政府與英國中央政府議價的政治新槓桿。因此，蘇格蘭及威爾斯地方政府頻頻利用脫歐議題，向英國爭取更多自治權力。

　　此外，蘇格蘭及威爾斯地方政府甚至向英國中央政府提出訴求，倘若中央政府未能於脫歐過程保護蘇格蘭與威爾斯的利益，蘇格蘭與威爾斯不排除走向獨立一途。

　　英國歷史可溯源自盎格魯薩克遜時期。不過，盎格魯薩克遜王國不斷面臨外族入侵與征服，稱不上是統一的獨立國家。英國的歷史，一般從 1066 年「諾曼征服」算起。英國自諾曼征服發展至今，已有逾千年的悠久歷史。

　　英國透過合併，成為擁有英格蘭、蘇格蘭、威爾斯、北愛爾蘭四個地區的「大不列顛暨北愛爾蘭聯合王國」（United Kingdom of Great Britain and Northern Ireland），簡稱 UK，通常亦名大不列顛（Great Britain）或不列顛（Britain）。

　　1536 年，英格蘭與威爾斯簽定《聯合法案》後，威爾斯併入英格蘭王國。1707 年，英格蘭王國與蘇格蘭王國進行合併，成為「大不列顛王國」（Kingdom of Great Britain）。1801 年，大不列

顛王國與愛爾蘭王國，合併總稱「大不列顛暨愛爾蘭聯合王國」（United Kingdom of Great Britain and Ireland）。1922 年愛爾蘭建立愛爾蘭自由邦（The Irish Free State），而愛爾蘭北方由新教聯盟派主控的六省，繼續留在聯合王國內。1927 年英國國名因應愛爾蘭的獨立，改爲「大不列顛暨北愛爾蘭聯合王國」。因此，英國可說是「四國合一」或「國中有國」。

2016 年英國脫歐公投，不僅衝擊英國與歐盟之間四十多年深厚關係，同時也使享有三百多年歷史的聯合王國，面臨國家分裂挑戰。脫歐公投後，北愛爾蘭、蘇格蘭、和威爾斯的分離主義不斷高漲，形成英國脫歐的「脫英」危機。倘若英國脫歐代價，是英國此一聯合王國的裂解，與英國失去歐盟的損失相較，這個代價未免太大。

第一節 北愛爾蘭

2017 年 3 月 29 日英國政府啓動脫歐後，與歐盟展開脫歐協商。經過近兩年的努力，英國與歐盟在 2018 年 11 月 25 日達成脫歐協議。這份協議產生的過程，波折不斷，突顯英國與歐盟之間對於如何脫歐，存在諸多難解議題。特別是，脫歐議題中，北愛邊境問題逐漸浮上檯面，成爲脫歐過程中的關鍵難題。

梅伊政府與歐盟達成脫歐協議，但協議中北愛邊境問題的處理方案引發爭議，使脫歐協議在下院遭到挫敗，並導致梅伊辭職下台。強生政府上任後，繼之與歐盟進行協商，並於 2019 年 10 月 18 日達成新版的脫歐協議。然而，強生版本的脫歐協議中，北愛邊境問題依舊引發各界議論。該協議的立法時程表於 2019 年 10 月 22 日遭下院否決，強生因此暫停此項立法。

　　梅伊與強生政府與歐盟協商取得的脫歐協議，屢次在下院遭遇挫敗，其中最關鍵的因素之一，即爲北愛邊境問題。英國脫離歐盟後，北愛與愛爾蘭的邊界，應維持「軟邊界」（soft border）或是「硬邊界」（hard border），對於英國、愛爾蘭、歐盟而言，都是棘手難題。

　　目前北愛與愛爾蘭之間邊界，人員與貨物可以自由流通，每日並有逾三萬人往返邊界工作。然而，一旦英國脫歐，由於愛爾蘭仍爲歐盟會員國，將導致北愛與愛爾蘭之間重新恢復邊境管制。倘若北愛與愛爾蘭之間出現「硬邊界」，不但影響兩地經貿往來，亦將衝擊數十年來好不容易建立的北愛和平與穩定。英國脫歐，原本想要跨越英吉利海峽，但沒想到最困難的問題，卻是如何越過北愛邊境。

一、北愛邊境的歷史與現況

　　北愛爾蘭位居愛爾蘭島北方，爲英國領土，與南方之愛爾蘭共和國相鄰。北愛爾蘭與愛爾蘭共和國之間，有 500 公里長邊界線。北愛邊境之所以引發爭議，在於這條邊界線背後，充滿過去數百年英國、愛爾蘭、北愛爾蘭之間充滿仇恨與衝突的歷史。

　　愛爾蘭與英國的歷史糾葛，最早可追溯至十二世紀。當時愛爾蘭島遭到英國入侵，自此開啓愛爾蘭對抗英國的抗爭史。愛爾蘭自 1801 年被英國合併後，反對英國政府統治的聲浪及抗爭不斷。

　　1916 年愛爾蘭爆發「復活節起義」，成爲愛爾蘭獨立運動里程碑。南愛爾蘭於 1922 年建立愛爾蘭自由邦，北愛爾蘭則留在英國此一聯合王國之內。1922 年的愛爾蘭，雖然取得事實上的獨立，但仍爲大英帝國自治領。愛爾蘭自由邦於 1949 年，進一步脫離大英國協，並更改國名爲愛爾蘭共和國（Republic of Ireland）。

　　愛爾蘭獨立後，徹底與英國劃清界線。然而，由於北愛仍爲英國領土，愛爾蘭民族主義者希望繼續爭取全島統一，導致北愛地區成爲愛爾蘭獨立運動的衝突焦點。

　　北愛爾蘭內部，對於英國的政治態度分爲兩派，包括主張留在英國的聯合派，以及希望與愛爾蘭共和國合併的共和派（或民族派）。聯合派與共和派在宗教認同上，亦呈現明顯差異。聯合派人士多爲親英國的新教徒，共和派人士則多爲親愛爾蘭共和國的天主教徒。

　　1960 年代至 1990 年代間，聯合派與共和派之間相互對抗，造成北愛地區長達三十年的週期性暴力衝突，史稱「動亂」（The Troubles），付出約 3,500 人死亡的慘痛代價。

　　直至 1998 年 4 月 10 日，英國中央政府、愛爾蘭政府、與北愛爾蘭政黨，共同簽署《耶穌受難日協議》（The Good Friday Agreement）或稱《貝爾法斯特協議》（The Belfast Agreement）。《耶穌受難日協議》的簽署，象徵北愛爾蘭過去數十年武裝衝突的結束，並開啓之後長期和平的契機。

　　《耶穌受難日協議》簽署後，北愛與愛爾蘭共和國之間的邊界檢查哨及警察機構遭到移除，象徵北愛邊境的去軍事化與和平化發展。因此，北愛與愛爾蘭之間不設邊境檢查，形成形同沒有邊境的情況。此外，英國脫歐前，英國與愛爾蘭共和國同爲歐盟成員國，北愛與愛爾蘭共和國雙方之間的人員、貨物、商品、及服務，皆可自由往來。就現況而言，北愛地區雖恢復和平，但北愛地區聯合派與共和派的嚴重歧見，仍不時牽動北愛、英國中央政府、愛爾蘭的政治神經。

二、北愛邊境的脫歐爭議

由於愛爾蘭為歐盟會員國，英國脫歐後，將導致北愛與愛爾蘭之間重新恢復邊境管制。北愛邊境應如何解決，因而成為脫歐過程中無法迴避的棘手問題。

脫歐過程中，北愛邊境引發的爭議，主要有二。首先，英國脫歐後，北愛與愛爾蘭之間，將出現一條英國與愛爾蘭共和國之間的歐盟陸路邊界。目前，北愛與愛爾蘭共和國間沒有邊檢的現況，被形容為「軟邊界」。北愛與愛爾蘭共和國之間，倘若恢復有邊檢的情況，將形成「硬邊界」。

因此，英國脫歐過程中，出現北愛邊界引發的弔詭問題，亦即英國一方面希望維持軟邊界現況，但同時又面對難以避免出現硬邊界的困難。軟邊界與硬邊界若是同時存在，本身即為充滿矛盾的悖論。

其次，倘若北愛與愛爾蘭共和國之間，重新恢復邊檢及海關，將對雙方經貿往來造成衝擊。更重要的是，重啟邊檢將引發英國、北愛、愛爾蘭之間敏感的政治對立與仇恨。北愛邊境如果重新建立邊境檢查機構，將勾起當地人對於 1960 年代至 1990 年代北愛動盪時期，北愛邊界布滿崗哨與鐵絲網的回憶與恐懼。如此一來，也會刺激愛爾蘭島上聯合派及共和派人士間政治與宗教的對立。

由於北愛問題的歷史複雜和高度敏感，英國脫歐過程中，英國、愛爾蘭及歐盟對於北愛問題的立場，皆希望維持目前沒有邊境檢查的軟邊界現況，並尊重與維護《耶穌受難日協議》共識。

英國首相梅伊在脫歐白皮書《英國與歐盟未來關係》中明確指出，英歐未來關係將信守對北愛爾蘭及愛爾蘭的承諾，並尊重《耶穌受難日協議》的文字與精神（UK Government, 2018: 9）。英

國首相強生亦強調，「在任何情況下，我們決不會在北愛邊界或邊界附近設立邊檢。我們會尊重和平過程和《耶穌受難日協議》」（Johnson, 2019c）。

愛爾蘭首相瓦拉卡（Leo Varadkar）則強調：「英國與愛爾蘭有義務尊重《耶穌受難日協議》，保護和平過程，並尊重愛爾蘭及北愛人民關於不會形成硬邊界的承諾」（McCormack, 2019）。歐盟方面，希望維持目前北愛的軟邊界狀態，也支持《耶穌受難日協議》。歐盟脫歐首席談判官巴尼耶（Michel Barnier）表示：「無論如何，《耶穌受難日協議》將繼續維繫」（Barnier, 2019）。

英國、愛爾蘭、及歐盟，皆傾向維持北愛邊境的軟邊界現況，希望維護《耶穌受難日協議》精神。不過，如何達成英國脫歐後北愛邊界的運作共識，仍面臨許多爭議與挑戰。

三、梅伊政府的北愛邊境政策

2018 年底，英國與歐盟歷經近兩年的協商，終於達成脫歐協議共識。2018 年 11 月 25 日，歐盟 27 個成員國於歐盟高峰會正式通過英國脫歐協議，並發布英歐未來關係的政治宣言。英國脫歐協議的正式名稱，為《大不列顛暨北愛爾蘭聯合王國退出歐洲聯盟與歐洲原子能共同體協議》（以下簡稱脫歐協議）。這份脫歐協議分為六大部分及議定書（Withdrawal Agreement, 2018）。以下分別就梅伊政府與歐盟達成的英國脫歐協議及政治宣言中，有關北愛邊境的要點，進行分析。

首先，英國脫歐協議中，北愛邊境的相關規定，主要有二。一方面，脫歐協議第三部分「脫歐條款」中，過渡期內，英國將與歐盟組成「單一關稅領域」。另一方面，脫歐協議第四部分「脫歐過渡期」，規劃兩年的過渡期（*Ibid.*, 195）。英歐雙方得同意延長過渡

期，但至多延長一至兩年（*Ibid.*, 206-208）。

脫歐協議於 181 個條文之後，附帶三個有關脫歐後英國領土邊界的議定書，包括愛爾蘭／北愛爾蘭議定書、塞浦路斯之英屬基地區議定書，以及直布羅陀議定書。由於英國脫歐將引發英國與歐盟會員國的邊界問題，脫歐協議特別將這些具有高度爭議的議題，透過議定書方式規範，而非放入脫歐協議條文中，以預留未來英國與歐盟在這些議題的談判空間與彈性。

北愛與愛爾蘭的邊境問題，一直是脫歐談判的棘手議題。愛爾蘭／北愛爾蘭議定書中，特別就如何維持北愛與愛爾蘭的邊境暢通，設計相關保障措施。愛爾蘭／北愛爾蘭議定書的要點，包括以下各項（*Ibid.*, 301-329）。

首先，過渡期結束前，若英歐雙方未達成避免北愛與愛爾蘭間出現硬邊界的貿易協議，且過渡期未獲延長，協議將啟動「保障措施」（backstop），亦即歐盟與英國共同組成單一關稅領域（single customs territory）（*Ibid.*, 309-311）。其二，啟動保障措施後，歐盟與英國將共同組成單一關稅領域。但是，北愛與英國其他地區相較，將與歐盟維持更緊密的關稅關係，並適用更多歐盟單一市場法規（*Ibid.*）。

其三，啟動保障措施後，英國將受到公平競爭的規範，以防止英國於單一關稅領域中取得競爭優勢（*Ibid.*）。其四，啟動保障措施後，英國不得單方離開保障措施。英國須與歐盟雙方共同決定後，方能取消保障措施（*Ibid.*, 328）。

脫歐協議之外，英國與歐盟亦通過一份政治宣言。脫歐協議為具法律拘束力的文件，政治宣言則為不具法律拘束力的政治共識與願景。脫歐協議中，英國與歐盟雙方，在諸多議題上存巨大歧見。因此，政治宣言可以被視為脫歐協議的補充文件，透過英國與歐盟的宣示與承諾，企圖強化及修飾脫歐協議的未竟之處

（Political Declaration, 2018）。

綜論之，上述脫歐協議及政治宣言，爲梅伊政府與歐盟近兩年努力協商的重要成果。梅伊與歐盟達成的北愛邊境解決方案，主要重點爲北愛邊境「保障措施」。

根據北愛邊境「保障措施」，兩年脫歐過渡期間，英國與北愛同屬單一關稅領域，且英國與歐盟將透過協商，設計可以解決北愛邊境問題的貿易協議。倘若脫歐過渡期結束前，英國與歐盟未能達成解決北愛邊境問題的貿易協議，將啓動「保障措施」，北愛與英國其他地方繼續同屬單一關稅領域，但北愛受更多歐盟單一市場法規規範。此外，北愛邊境的「保障措施」並無落日條款，需歐盟同意才能取消此條款。

易言之，脫歐過渡期間，倘若英國與歐盟無法達成解決北愛邊境問題的替代措施，北愛將形同被留在歐盟的一個英國特區。名義上，北愛是英國關稅領域的一部分，但實際上，北愛將繼續受到歐盟關稅及單一市場法規的束縛。北愛不僅將受到英國「一國兩制」的差別待遇，在「保障措施」的相關政策制定與運作上，亦未享有決策權。

梅伊政府與歐盟達成的脫歐協議，於 2019 年在英國下院遭遇三次挫敗，導致梅伊辭職下台。脫歐協議中提出的邊境保障措施，在後續脫歐過程中，仍爲北愛邊境協商的重要參考基礎。

四、強生政府的北愛邊境政策

2019 年梅伊宣布辭職下台後，強生於保守黨黨魁選舉中勝出，繼位成爲英國首相。2019 年 10 月 17 日，強生政府與歐盟達成脫歐協議。強生與歐盟的脫歐協議，很大程度保留梅伊與歐盟之前達成的脫歐協議，並在之前的脫歐協議基礎上，增加兩份修正文

件，包括政治宣言及愛爾蘭／北愛爾蘭議定書。

由於強生與歐盟的談判時間，僅短短數月，英歐雙方僅就脫歐主要爭議進行協商，特別是北愛邊境問題。強生政府與歐盟共同達成的政治宣言及愛爾蘭／北愛爾蘭議定書中，北愛邊境即爲核心議題之一。

強生政府與歐盟達成的脫歐協議，包括政治宣言及愛爾蘭／北愛爾蘭議定書，以下分別就兩份文件中的北愛邊境解決方案，進行探討。

首先，強生政府與歐盟達成一份共計 27 頁的政治宣言，其正式名稱爲《歐盟與英國未來關係架構之政治宣言》（以下簡稱政治宣言）。

政治宣言的內容分爲五大部分，包括導論、初步規定、經濟夥伴關係、安全夥伴關係、制度與其他水平安排，及未來進程（Political Declaration, 2019）。這份政治宣言中，北愛邊境的相關規定，包括要點如下。

其一，英國自脫歐日起始，進入過渡期，直至 2020 年 12 月 31 日止（Political Declaration, 2019: 26）。其二，英國與歐盟雙方確認，北愛和平過程的成就、益處與承諾，將對北愛和平、穩定與和解，繼續產生重要影響。同時，英國與歐盟同意《耶穌受難日協議》必須被維護（Ibid.）。

此外，強生政府與歐盟達成的愛爾蘭／北愛爾蘭議定書（Revised Protocol on Ireland/Northern Ireland, 2019），內容共有 19 條，其中北愛邊境的相關計畫，包括以下重點。

其一，英國脫歐後，北愛爾蘭爲英國關稅領域的一部分（Revised Protocol on Ireland/Northern Ireland, 2019: 5）。其二，由於北愛爲英國關稅領域一部分，貨物自英國其他地區進入北愛不須

課稅。但是，自英國其他地區進入北愛的貨物，若該貨物最終目的地為愛爾蘭，則進入北愛時須課稅（*Ibid.*, 5-7）。

其三，北愛與愛爾蘭共和國之間，不會設有邊檢，貨品（包括食品及農產品等）得以自由流通，但北愛須遵守歐盟的貨品相關規範。其四，脫歐過渡期結束後四年，北愛議會將以多數決方式表決，決定現行制度是否繼續施行。若表決通過，則進入四年延長期。若脫歐過渡期結束後四年，北愛取得「跨社群支持」（cross-community support），可進入八年的延長期（*Ibid.*, 15-16）。

在北愛邊境問題上，強生和歐盟達成的脫歐協議，與梅伊和歐盟達成的脫歐協議相較，異同之處有以下數端。一方面，強生與梅伊的脫歐協議相同之處，在於北愛相較於英國其他地方，須遵守歐盟單一市場的相關規定。

另一方面，強生與梅伊的脫歐協議相異之處，包括三項要點。首先，強生政府與歐盟達成的北愛問題解決方案，取消之前梅伊政府與歐盟達成的北愛邊境「保障措施」。其次，為了避免北愛與愛爾蘭共和國之間出現硬邊界，強生脫歐協議中，將北愛邊界檢查拉至愛爾蘭海，亦即英國與北愛之間會出現一個海上邊界。其三，強生的脫歐協議，賦予北愛自治權，亦即脫歐過渡期後四年，北愛議會有權決定是否繼續施行現行北愛邊界方案。

英國脫歐，不僅突顯英國與歐盟的複雜關係，亦觸及英國國內分離主義敏感神經。北愛邊境問題，成為脫歐的爭議焦點，亦為牽動北愛脫離英國的重要因素。倘若北愛與愛爾蘭共和國出現硬邊界，將對北愛現狀造成衝擊。

特別是，北愛的共和派政黨新芬黨與愛爾蘭共和國，皆反對北愛與愛爾蘭共和國之間出現硬邊界。倘若北愛與愛爾蘭共和國間重啟邊界，將刺激北愛的共和派政黨與愛爾蘭共和國，並推升北愛與愛爾蘭共和國進行統一合併的呼聲與可能性。

新芬黨為北愛共和派政黨，並於 2016 年脫歐公投反對英國脫歐。英國脫歐過程中，有關北愛邊境的議題與討論上，新芬黨始終扮演重要角色。在北愛地區，新芬黨與民主統一黨，分別為共和派及聯合派政黨的代表，在政治立場上針鋒相對。

2019 年國會大選中，新芬黨提出的競選綱領，名為「統一時刻」（Time for Unity）。新芬黨競選綱領的脫歐政策，主張反對英國脫歐，並批評保守黨無法對脫歐提出有效解決辦法（Sinn Fein, 2019: 7）。就北愛邊界問題而言，新芬黨於競選綱領中，提出以下政策，包括北愛享有特殊地位，北愛與愛爾蘭共和國間不會出現硬邊界，保護《耶穌受難日協議》，聯合派不得享有否決權，愛爾蘭全境統一後自動保有歐盟會籍等（Ibid.）。

此外，新芬黨主張，由於脫歐過程中英國始終未能將北愛利益納入考量，北愛與愛爾蘭的統一，才是保障北愛利益的民主解決方案（Ibid., 9-12）。因此，新芬黨將致力與愛爾蘭共和國及歐盟協商，並推動北愛與愛爾蘭共和國的統一公投，以保障北愛利益。

北愛共和派政黨新芬黨副黨魁歐尼爾（Michelle O'Neill）指出，希望北愛在未來五年進行與愛爾蘭合併的統一公投，因為「脫歐已成為一種催化劑，使人們開始思考自身利益之所在」（Beresford, 2019）。

愛爾蘭共和國前任總理瓦拉卡反對英國硬脫歐，並強調硬脫歐將導致愛爾蘭統一議題無法迴避，及傷害蘇格蘭在英國的地位（Humphries, 2019）。

脫歐已成為北愛脫離英國獨立的催化劑。2016 年脫歐公投中，多數北愛選民支持英國留歐。北愛支持留歐的選民占 55.8%，贊成脫歐的選民比率為 44.2%。北愛脫歐派與留歐派差距，約 11 個百分點（The Electoral Commission, 2016a）。除了公投中多數北愛民眾支持留歐，公投後北愛邊境引發爭議，復加深北愛民眾留歐

甚至脫英的傾向。

2016 年脫歐公投後，雖然大體上反對北愛與愛爾蘭共和國統一者，仍占多數，但支持北愛與愛爾蘭共和國統一的比例，則獲得增加。根據《耶穌受難日協議》規定，若北愛多數民眾希望與愛爾蘭統一，英國的北愛國務大臣得於北愛舉行北愛與愛爾蘭統一公投（Northern Ireland Office, 1998）。

依據 2013 年 1 月民調顯示，北愛受訪者約 65% 希望留在英國，17% 的北愛受訪者，希望脫離英國並與愛爾蘭共和國統一（Ipsos MORI, 2013: 16）。2019 年 9 月的北愛民調顯示，高達 46%的受訪者支持北愛脫離英國並與愛爾蘭共和國統一，45% 的受訪者希望北愛留在英國（Lord Ashcroft Polls, 2019b）。

英國脫歐後，北愛脫離英國，依舊是聯合王國維繫國家完整性的一大挑戰。2020 年 2 月民調顯示，29% 的北愛受訪者希望脫離英國並與愛爾蘭共和國統一，52% 的北愛受訪者希望留在英國（Reuters, 2020）。

脫歐的後續發展，將繼續成為考驗北愛與英國中央政府關係的難題。倘若北愛與愛爾蘭共和國皆通過統一公投，最後合併為一個完整的新國家，不但將使英國此一聯合王國自此裂解，並恐對蘇格蘭及威爾斯地區造成分離主義高漲的骨牌效應。

第二節　蘇格蘭

英國脫歐公投的爭議焦點，不僅是英國與歐洲的雙邊關係，亦牽動英國地方分離主義發展。英國脫歐公投與蘇格蘭獨立，這兩個看似獨立的議題，卻相互影響並牽動英國脫歐與英國的未來發展。蘇格蘭獨立此一議題，在英國脫歐過程中引發熱烈討論，有幾

項主要原因。首先，2014 年，蘇格蘭舉行自加入聯合王國後首次獨立公投。公投未獲通過，但蘇格蘭獨立的呼聲，仍方興未艾。

其次，英國脫歐公投，成為蘇格蘭再次向英國中央政府爭取獨立的一項理由。2014 年蘇格蘭獨立公投中，歐盟會籍議題為爭辯焦點之一。蘇格蘭政府希望，獨立後蘇格蘭繼續保有歐盟會籍。因此，英國脫歐公投舉行之前，蘇格蘭首席大臣兼蘇格蘭民族黨（Scottish National Party, SNP）黨魁史特金（Nicola Sturgeon）表示，脫歐公投的結果若為英國離開歐盟，但公投中多數蘇格蘭人民選擇續留歐盟，將觸發蘇格蘭舉行第二次獨立公投（The Herald, 2015）。

脫歐公投前，英國前外相海格（William Hague）亦提出警告，英國脫離公投將導致蘇格蘭獨立，因為蘇格蘭民族黨將利用英國脫歐作為藉口，尋求另一次獨立公投（The Independent, 2015）。英國脫歐公投所欲處理的歐盟問題，同時衍生出英國的蘇格蘭問題。

其三，2016 年英國脫歐公投結果顯示，蘇格蘭多數選民希望留歐，與英國脫歐公投的結果相左。脫歐公投後，蘇格蘭民族黨的脫歐政策，即主張英國續留歐盟。一方面，蘇格蘭民族黨支持英國舉行二次脫歐公投。另一方面，倘若英國面臨無協議脫歐且別無選擇之際，蘇格蘭民族黨支持英國中央政府向歐盟申請終止脫歐，以避免英國陷入無協議脫歐危機。

2016 年英國脫歐公投後，蘇格蘭民族黨主張，英國脫歐違反多數蘇格蘭選民意願。蘇格蘭民族黨不斷呼籲，蘇格蘭應再次舉行獨立公投，希望蘇格蘭脫離英國後，成為一個保有歐盟會籍的獨立國家。

一、蘇格蘭與英國的歷史背景

1707 年蘇格蘭王國與英格蘭王國簽訂聯合法案，組成大不列

顛聯合王國。1707 年之前，蘇格蘭為一獨立國家，其王國歷史可追溯至西元九世紀。蘇格蘭追求獨立的意識和聲浪，始終未曾停歇。過去十幾年來，蘇格蘭追求自治和獨立，歷經許多重要發展。

一方面，英國中央政府為了緩解地方分離主義的壓力，推行權力下放（Devolution）的制度改革。1997 年新工黨政府上台後，英國中央政府推動權力下放政策。相較於英格蘭、威爾斯、與北愛爾蘭，蘇格蘭地區的權力下放，獲得最多移轉自英國中央政府的權力。布萊爾政府積極推動權力下放的過程，開啓蘇格蘭邁向獨立公投的機會之窗。

1997 年英國舉行蘇格蘭權力下放公投（Scottish Devolution Referendum），公投的議題，包括蘇格蘭應否成立議會，以及蘇格蘭議會應否擁有稅收變更權。公投的結果，74.3% 的選民支持成立蘇格蘭議會，63.5% 的選民同意蘇格蘭議會應該擁有稅收變更權（Dewdney, 1997: 9）。

1997 年公投後，英國國會於次年通過《1998 年蘇格蘭法》（The Scotland Act 1998），使蘇格蘭議會得以成立。1999 年 5 月 6 日蘇格蘭議會（Scottish Parliament）舉行首次選舉，選出 129 名蘇格蘭議會議員（Member of Scottish Parliament, MSP）並開始運作，開啓蘇格蘭地方分權發展的新紀元。

1707 年蘇格蘭與英國合併後，昔日的蘇格蘭議會，便終止運作。蘇格蘭議會成立後，蘇格蘭民眾擁有自 1707 年以來首次蘇格蘭民選議會。蘇格蘭議會大樓，建於蘇格蘭首府愛丁堡的荷里盧（Holyrood）地區。因此，Holyrood 亦成為蘇格蘭議會的代稱。

蘇格蘭議會成立後，除了享有監督蘇格蘭政府的功能外，也獲得移轉自英國中央政府的部分政策領域立法權。依據《1998 年蘇格蘭法》，英國政府於「保留事務」（reserved matters）的政策領域上，保有政策決定權。

「保留事務」的政策領域，包括憲法及一般保留事務、經濟與財政、內政、貿易與產業、能源、交通、社會安全、專業規範、就業、健康與醫藥、媒體與文化等（The Scotland Act 1998, 1998; Scottish Government, 2013: 591-594）。

「保留事務」之外的政策領域，蘇格蘭議會享有自英國中央政府下放的權力。舉例而言，在健康、教育與訓練、地方政府、社會工作、規劃、旅遊與對產業的經濟發展及財務協助、部分交通政策、法律與內政事務、警察與消防服務、環境、自然與建築遺產、農業與林務暨漁業、運動與藝術等政策領域上，蘇格蘭議會享有立法權（Scottish Government, 2013: 590-591）。

同時，根據《1998 年蘇格蘭法》，蘇格蘭議會亦獲得稅收變更權力，擁有將所得稅的基本稅率提高或降低至多 3% 的權力（The Scotland Act 1998, 1998）。

另一方面，蘇格蘭議會成立後，2011 年 5 月 5 日的蘇格蘭議會選舉，129 個席次中，蘇格蘭民族黨獲得 69 席議員名額，取得過半席次。此外，工黨獲得 37 席，蘇格蘭保守和統一黨獲 15 席，蘇格蘭自由民主黨獲得 5 席，蘇格蘭綠黨獲得 2 席，另外無黨籍議員獲得 1 席（Scottish Parliament, 2011: 3）。主張蘇格蘭獨立的蘇格蘭民族黨，成為議會第一大黨並組成政府，開啟蘇格蘭推動獨立的契機。

蘇格蘭民族黨的政策主張，包括加強《1998 年蘇格蘭法》中英國中央政府下放給蘇格蘭的權力，推動蘇格蘭獨立公投等。蘇格蘭民族黨的勝選，改變蘇格蘭的政治版圖，亦對英國中央政府與蘇格蘭地方政府的未來關係，掀開新的一頁。

2012 年 10 月 25 日，英國中央政府與蘇格蘭政府，就蘇格蘭公投計畫達成《愛丁堡協議》（The Edinburgh Agreement），同意蘇格蘭就獨立問題進行公投。《愛丁堡協議》的簽訂，使蘇格蘭獨立

運動邁向新的里程碑。

2014 年 9 月 18 日，蘇格蘭舉行獨立公投。公投結果顯示，贊成蘇格蘭獨立者占 44.7%，反對蘇格蘭獨立者占 55.3%。反對與贊成蘇格蘭獨立者，雙方差距約 10 個百分點。

蘇格蘭獨立公投雖未通過，但公投過程激發蘇格蘭的民族主義情感與追求自治渴望。獨立公投後，蘇格蘭獨立非但未畫下句點，亦播下蘇格蘭追求「獨立夢」的種子。

二、脫歐與蘇格蘭獨立

過去數十年間，英國權力下放與蘇格蘭獨立公投的舉行，使蘇格蘭獨立成為熱烈討論的政治議題。2016 年的脫歐公投，更進一步成為蘇格蘭獨立的催化劑。

2014 年英國中央政府舉行蘇格蘭獨立公投，被視為是「一生一次」的選擇，並希望透過這場公投，可以緩解蘇格蘭分離主義壓力。2014 年蘇格蘭獨立公投前夕，蘇格蘭首席大臣薩蒙德（Alex Salmond）強調，這場公投是一個世代中僅有一次的機會（once-in-a-generation opportunity），並承諾此次公投如未獲通過，將不再要求二次公投（Llewelyn, 2019）。

此外，蘇格蘭政府出版的獨立政策白皮書《蘇格蘭的未來：獨立蘇格蘭的指南》（Scotland's Future: Your Guide to an Independent Scotland）亦揭示，蘇格蘭政府將 2014 年這場公投視為這個世代的唯一機會（Scottish Government, 2013: 556）。因此，英國中央政府與蘇格蘭政府，皆將 2014 年獨立公投視為一場決定性戰役，且希望透過這場公投，使蘇格蘭獨立這個棘手議題得以塵埃落幕。

2014 年蘇格蘭獨立公投未獲通過，但蘇格蘭獨立議題並未就此沉寂，甚至出現再次舉行獨立公投的呼聲。特別是，2016 年脫

歐公投的結果，被蘇格蘭政府視為重大政治現實的改變，成為蘇格蘭要求二次獨立公投的重要理由。

2016 年英國脫歐公投中，多數蘇格蘭選民選擇英國續留歐盟。脫歐公投結果顯示，62% 的蘇格蘭選民贊成英國留歐，38% 的蘇格蘭選民支持英國脫歐。脫歐公投後，蘇格蘭獨立議題，很快成為蘇格蘭政府與英國中央政府議價的籌碼。

2016 年脫歐公投翌日，蘇格蘭首席大臣史特金表示，由於蘇格蘭多數選民支持留歐，英國脫歐對蘇格蘭而言，將形同「民主暴行」。史特金認為，英國脫歐公投結果「是一個重大且實質的現狀改變。二次獨立公投的選項，應浮上檯面，且已浮上檯面」（The Guardian, 2016b）。脫歐過程中，蘇格蘭首席大臣不斷強調，倘若蘇格蘭利益未能獲得保障，蘇格蘭將尋求二次獨立公投，從英國脫離出去。

2017 年及 2019 年，蘇格蘭首席大臣史特金兩度向英國中央政府，要求舉行二次蘇格蘭獨立公投，分別為首相梅伊及強生拒絕。然而，蘇格蘭政府未就此放棄推動二次公投。

2019 年 5 月，蘇格蘭議會通過「公投（蘇格蘭）議案」（Referendums (Scotland) Bill），該議案於 2020 年生效通過並成為《2020 公投（蘇格蘭）法》（Referendums (Scoland) Act 2020）。《2020 公投（蘇格蘭）法》，主要內容為蘇格蘭未來公投提供法律架構，被視為蘇格蘭舉行二次公投的法律準備。

蘇格蘭二次公投的未來發展，除了受到脫歐影響之外，亦將為其他因素左右，包括民意發展，蘇格蘭民族黨的政治勢力，以及英國中央政府的態度。

首先，就民意而言，2020 年 1 月 30 日，亦即英國脫歐前夕，根據英國 YouGov 民調機構的調查，支持蘇格蘭獨立者約 51%，反

對蘇格蘭獨立者占 49%（Curtis, 2020）。此外，2014 年蘇格蘭獨立公投反對獨立及 2016 年英國脫歐公投贊成留歐的選民，約有 21% 轉向支持蘇格蘭獨立。針對未來五年蘇格蘭是否舉行二次獨立公投，44% 的民眾表示贊成，38% 的民眾表示反對（*Ibid.*），顯示更多民眾支持舉行二次公投。

2014 年蘇格蘭獨立公投後迄今，支持與反對蘇格蘭獨立的兩方勢力，仍互為伯仲。但是，支持蘇格蘭舉行二次獨立公投的呼聲，逐漸攀升。特別是，2016 年的脫歐公投，成為蘇格蘭重新思考二次獨立公投的轉捩點。

其次，近年蘇格蘭獨立運動中，蘇格蘭民族黨扮演關鍵角色。近數十年來，蘇格蘭民族黨在蘇格蘭的政治勢力，地位逐漸穩固。2016 年 5 月的蘇格蘭議會選舉，於 129 席中取得 63 席，成為蘇格蘭議會第一大黨。保守黨僅取得 31 席，為蘇格蘭議會第二大黨（The Electoral Commission, 2016a）。

2019 年英國國會大選結果顯示，蘇格蘭民族黨於英國國會選舉中蘇格蘭地區 59 席中，取得 48 個席次，表現亮眼（Financial Times, 2019）。倘若蘇格蘭民族黨能繼續維持該黨於蘇格蘭的政治影響力，將得以推動蘇格蘭獨立運動的後續發展。

最後，雖然蘇格蘭要求二次獨立公投的聲浪漸漲，但蘇格蘭舉行公投，仍須仰賴英國中央政府的同意。根據《1998 年蘇格蘭法》，「蘇格蘭王國與英格蘭王國之聯合」，屬於英國中央政府的「保留事務」，只有英國中央政府享有「保留事務」的政治權力。因此，蘇格蘭舉行公投，仍須獲得英國中央政府許可。蘇格蘭二次公投的未來發展，仍將掣肘於蘇格蘭政府與英國中央政府之間的政治角力。

第三節　威爾斯

2016 年英國脫歐公投中，多數威爾斯選民選擇英國脫歐。然而，威爾斯支持脫歐的選民占 52.5%，僅剛好過半。支持留歐的威爾斯選民比率，則爲 47.5%。脫歐公投中，威爾斯地區的投票率高達 71.7%，約有 85 萬威爾斯選民投票支持脫歐，約 77 萬威爾斯選民投票支持留歐。脫歐公投結果顯示，威爾斯脫歐派與留歐派的差距，僅 5 個百分點（The Electoral Commission, 2016a）。

脫歐公投後，由於脫歐前景不明，威爾斯地區對於脫歐的疑慮不斷加劇。此外，蘇格蘭與北愛爾蘭地區的反脫歐與獨立呼聲，亦對威爾斯產生影響。脫歐與分離主義這兩項議題，在威爾斯地區因而逐漸相互連結。

一、威爾斯併入英國的歷史背景

英國透過合併，成爲擁有英格蘭、蘇格蘭、威爾斯、北愛爾蘭四個地區的「大不列顛暨北愛爾蘭聯合王國」。相較於蘇格蘭與北愛爾蘭，威爾斯是最早與英國合併的地區。1536 年英格蘭與威爾斯簽定《聯合法案》（The Act of Union）後，威爾斯併入英格蘭王國。

就民族起源而言，威爾斯、蘇格蘭、愛爾蘭人的語言及宗教雖然互異，但其祖先同屬凱爾特人的分支。英格蘭人的祖先，主要源自西元五世紀自歐洲大陸而來的日耳曼人，包括盎格魯人（Angles）、撒克遜人（Saxons）、朱特人（Jutes）等族群。

威爾斯併入英國迄今，享有四百多年的歷史。根據學者柯里（Linda Colley）的研究發現，十八世紀以及十九世紀初，威爾斯、蘇格蘭、英格蘭人享有共同英國認同（Colley, 1992），然而，威爾

斯人對「英國人」的認同相對薄弱，但對自身民族具高度認同。

舉例而言，依據 2011 年英國官方出版的「英格蘭及威爾斯的民族與國家認同」調查指出，65.9% 的威爾斯人認同自己為「威爾斯人」（the Welsh），只有 26.3% 的威爾斯人認同自己為「不列顛人」（the British）（Office for National Statistics, 2011）。此外，僅有 13.8% 的威爾斯人，認為自己是「英格蘭人」（the English）（*Ibid.*）。

學者葉可布森指出，對威爾斯人而言，至今仍能清楚區分對英國的政治認同，以及對威爾斯的民族認同（Jacobson, 1997: 184）。

政治層面而言，隨著 1990 年代末期英國地方分權的發展，威爾斯獲得來自英國中央政府的更多權力。1997 年布萊爾政府上台後，積極推行威爾斯地區的權力下放，並於是年舉行威爾斯權力下放公投（Wales devolution referendum）。公投後翌年，英國國會通過《1998 年威爾斯地方政府法》（The Government of Wales Act 1998），並於 1999 年成立民選的威爾斯國民議會（National Assembly for Wales），選出 60 名議員，開啟威爾斯地方分權史的新頁。

2006 年，英國通過威爾斯地方分權改革的另一項重要法案，亦即《2006 年威爾斯政府法》（The Government of Wales Act 2006）。2007 年該法案生效後，使原先作為威爾斯國民議會行政機關的威爾斯議會政府（Welsh Assembly Government），轉變成獨立的行政機關，由首席大臣（First Minister）領導其他內閣官員與部會首長，形成威爾斯政府的行政權力核心（The Government of Wales Act 2006, 2006）。

同時，該法案並確立威爾斯議會政府與威爾斯國民議會的分工角色，使兩機關分別負責威爾斯政府的行政與立法職責（*Ibid.*）。2011 年，威爾斯議會政府更名為威爾斯政府（Welsh Government）。威爾斯國民議會，則於 2020 年更名為威爾斯議會

（Welsh Parliament）。

　　權力下放過程中，威爾斯政府及議會獲得許多重要權力。一方面，威爾斯政府在部分政策領域享有決策權，這些政策領域包括教育、健康、地方政府、交通、規劃、經濟發展、社會照顧、環境、農村事務等。特定的公共服務，例如警察、監獄、司法體系，仍由英國中央政府負責管轄（Welsh Assembly Government, 2010）。另外，有關賦稅、國防、國家安全、與外交事務等政策領域，決策權亦由英國中央政府掌控（*Ibid.*）。

　　另一方面，威爾斯議會的權力，則包括立法權及對威爾斯政府的監督權。威爾斯和蘇格蘭的地方分權政府一樣，在特定的政策領域，享有獨立的行政和立法權。不過，威爾斯政府的地方分權程度，低於蘇格蘭政府。英國中央政府在威爾斯權力下放的程度較低，例如威爾斯政府的財政預算，仍是英國國會的保留權力之一。

二、脫歐與威爾斯獨立呼聲

　　歷經數十年的權力下放，英國中央政府移轉部分權力至威爾斯政府。對多數威爾斯人而言，仍希望威爾斯自英國獲得更多權力。主張威爾斯獨立者，在威爾斯始終居於少數。

　　威爾斯獨立，在過去始終是鮮少討論的非主流議題。1925年，威爾斯民族黨（Plaid Genedlaethol Cymru）成立，致力追求威爾斯的經濟繁榮與社會發展。威爾斯民族黨的名稱，在二戰後更名為威爾斯黨（Plaid Cymru）（本文以下以威爾斯黨統稱）。

　　威爾斯黨成立早期，主要焦點放在推動威爾斯語言的保護。威爾斯黨對於追求威爾斯獨立，早期立場較為模糊。威爾斯黨的黨章，曾用「歐盟內威爾斯的完全國家地位」（full national status for Wales within the European Union），作為該黨的目標之一（Browne,

2011）。

　　過去數十年，「獨立」一詞的使用，在威爾斯黨內備受爭議（*Ibid.*）。1999 年，前任威爾斯黨領袖魏格理（Dafydd Wigley），甚至表示威爾斯黨從未倡議獨立（*Ibid.*）。

　　由於威爾斯黨在英國及威爾斯議會中，皆非主要大黨，使威爾斯獨立只停留在政治口號，未落實爲政策。舉例而言，威爾斯國民議會（2020 年更名爲威爾斯議會）於 1999 年成立迄今，工黨皆爲議會最大多數黨，而威爾斯黨所占席次，僅約議會席次的六分之一。就英國國會選舉層面而論，威爾斯黨所獲席次紀錄中，未曾超過四席，顯示其政治勢力較爲薄弱。

　　追求威爾斯獨立，近年來逐漸成爲威爾斯黨關注的重要議題。2003 年威爾斯黨首次將威爾斯獨立，設定爲該黨的政治目標（Schrijver, 2006: 286），即爲其例。

　　隨著近年英國政治的變遷與發展，特別是蘇格蘭獨立公投以及英國脫歐，威爾斯獨立這個沉睡的議題，逐漸甦醒。2014 年蘇格蘭舉行獨立公投後，威爾斯是否亦可透過公投獨立，引發關注。2016 年英國脫歐公投，進一步成爲使威爾斯獨立議題浮上檯面的催化劑。威爾斯獨立，逐漸從過去的模糊遠景，轉變爲受到高度關注的政治議題。

　　英國脫歐公投中，過半威爾斯選民支持脫歐。脫歐公投後，隨著脫歐不利影響與不確定性的增加，威爾斯支持留歐的聲浪隨之高漲。反對脫歐與威爾斯獨立，這兩個原本獨立的議題，因此巧妙結合，相互影響。

　　前威爾斯首席大臣瓊斯（Carwyn Jones）指出：「一個壞的脫歐，蘊藏使英國自身分裂的種子」。瓊斯亦警告，在後脫歐時代，威爾斯可能會成爲一個獨立國家（ITV News, 2019）。

　　2019年5月，威爾斯首府卡地夫，出現要求威爾斯獨立遊行。遊行組織者指出，這是威爾斯史上首次獨立。部分參加遊行者表示，轉向支持威爾斯獨立，是受到英國脫歐及政府財政緊縮政策影響所致（The Guardian, 2019）。

　　脫歐公投後，威爾斯黨開始將脫歐與獨立兩個議題，相互串連。2019年英國國會大選中，威爾斯黨的脫歐政策，主張英國續留歐盟。威爾斯黨提出的競選綱領，名為「威爾斯，屬於我們」（Wales, It's Us）。該黨競選綱領的脫歐政策，主張舉行二次公投以解套脫歐僵局（Plaid Cymru, 2019: 7）。

　　威爾斯黨競選綱領亦強調，英國脫歐將不利於威爾斯經濟。威爾斯黨希望透過二次脫歐公投，給人民對於脫歐問題的最後一次發聲機會，且該黨於二次脫歐公投中，將選擇英國續留歐盟（Ibid., 11）。

　　英國脫歐對威爾斯可能造成的負面衝擊，不僅促使威爾斯黨要求舉行二次脫歐公投，也成為威爾斯黨要求威爾斯獨立公投的理由。2019年，威爾斯黨黨魁普萊斯（Adam Price）強調：「如果脫歐後，威爾斯沒有獲得更大權力，威爾斯應該舉行獨立公投」（Walesonline News, 2019）。普萊斯甚至提出威爾斯公投的時間表。根據該時間表，2030年前威爾斯計畫舉行獨立公投（Osborne, 2020）。

　　對威爾斯民眾而言，威爾斯獨立並非主流民意。多數威爾斯民眾，支持從英國中央政府獲得更多的權力下放。根據英國2016年3月的民調顯示，贊成威爾斯獨立者占約6%，支持威爾斯議會獲得更多權力者占43%，而主張威爾斯議會維持現狀者為30%（ICM Unlimited, 2016）。

　　然而，英國脫歐公投後，支持威爾斯獨立的呼聲，逐漸攀升。2018年6月英國民調機構YouGov的調查顯示，針對「你是

否同意威爾斯應成為一個獨立的國家？」此一問題，19% 的受訪者表示同意，65% 的受訪者則表達不同意（YouGov, 2018a: 3）。

　　根據 2020 年 6 月的民調顯示，支持威爾斯獨立的民眾略有增加。依據該份民調結果，贊成威爾斯獨立的比例為 25%，反對威爾斯獨立的比例則約 54%（Awan-Scully, 2020）。

　　目前，多數威爾斯民眾，仍未支持威爾斯脫離英國而成為一個獨立國家。但是，威爾斯獨立這個議題的討論，與日俱增。隨著英國脫歐發展，威爾斯獨立議題是否將從非主流躍上主流，值得後續觀察。

第四節　小結

　　綜論之，1997 年英國新工黨政府上台後，積極推動權力下放，希望藉此緩解英國地方分離主義壓力。新工黨政府的權力下放政策運作下，蘇格蘭、北愛爾蘭、及威爾斯，近數十年來陸續建立地方政府與議會。

　　隨著蘇格蘭、北愛爾蘭及威爾斯的地方政府與議會不斷發展，這些地方的自治要求與民族主義運動，非但沒有因權力下放政策而緩解，反而獲得新的發展空間。

　　針對民眾關於權力下放將為蘇格蘭民族黨搭建更大平台的疑慮，1995 年英國工黨籍影子內閣蘇格蘭部長羅伯森（George Robertson）提出解釋，他認為「權力下放將會完全殲滅民族主義」（Curtice, 2011）。事後證明，新工黨政府的權力下放政策，並未完全殲滅民族主義，反而使蘇格蘭民族黨勢力大增，於 2007 年及 2011 年的蘇格蘭議會選舉瓜分工黨選票，最後並將蘇格蘭獨立公

投化爲現實。

英國前首相布萊爾，卸任後出版回憶錄《一趟旅程：我的政治生涯》（*A Journey: My Political Life*）一書。布萊爾對積極推動的權力下放政策提出反思，承認蘇格蘭權力下放是一場「危險的博弈」，因爲「你永遠無法確定民族主義情感的盡頭，以及分離主義的起點」（Blair, 2010）。

權力下放政策，成爲英國分離主義發展助力。英國脫歐，則是英國分離主義的另一個催化劑。2016 年英國脫歐公投後，脫歐成爲蘇格蘭、北愛爾蘭、威爾斯三個地方政府，向英國中央政府爭取權力的籌碼。後續脫歐發展中，蘇格蘭、北愛爾蘭、威爾斯是否將因英國脫歐導致脫離英國，值得追蹤關注。倘若英國脫歐造成英國國家分裂，猶如與朋友分離，卻以失去手足爲代價，脫歐到頭來恐得不償失。

隨著歐盟多層次治理的發展，區域統合與地方分離主義，這兩條平行線產生交集。英國脫歐公投，顯示歐盟此一超國家組織，對地方政府而言，已成爲中央政府之外的另一種替代選擇。英國脫歐議題，亦成爲地方政府與中央政府議價的政治槓桿。

區域統合對當代國家構成的挑戰愈形複雜，國家不僅面對傳統國際關係中國家之間相互競合，更需謹慎思考如何化解區域組織、會員國、地方層級等多邊關係的政治角力。

第五章
英國脫歐的啓發

　　英國與歐盟的關係，始終是英國內政與外交上的一大難題。英國面對的此一難題，亦爲當代國家身處其中的困境。面對區域統合的挑戰，當代國家陷入獨善其身抑或包容開放的兩難。一方面，當代國家無法完全孤立於區域統合之外。另一方面，當代國家也不願承受區域統合的負面衝擊。全球化的發展，穿透國界藩籬，使當代國家面對區域統合的兩難困境愈形加劇。

　　英國試圖透過脫歐公投，走出歐洲統合下英國面臨的兩難困境。英國脫歐公投的個案，可對當代國家面對區域統合的挑戰，帶來重要啓發。

　　以下就英國脫歐公投的主要啓發，包括公投風險與局限，國家主權的信仰與迷思，英歐關係的霍布森選擇，英國脫歐後歐盟未來展望，以及全球化挑戰下國家何去何從，予以分析。

第一節　公投風險與局限

　　英國透過公投，將英國是否續留歐盟的問題交付人民決定。一方面，英國脫歐公投，展現直接民主的價值。另一方面，脫歐公投也突顯公民投票的風險與局限。

　　公民投票，爲直接民主的一種重要方式，但非解決問題的萬靈丹。學者闊楚普（Matt Qvortrup）指出，公投「通常是一個機會工具，而非民主原則的理想機制」（Qvortrup, 2012: 6）。公投爲達到民主的一種手段，而非目的。這種手段，如水能載舟，亦能覆舟。英國脫歐公投的經驗，顯示公投的風險與局限，主要包括以下數端。

　　首先，公投結果無法預測，恐淪爲政治人物的選舉操作。首相卡麥隆在選舉壓力下，將英國的歐盟會籍訴諸公投，使脫歐公投成

爲充滿風險與不確定性的政治算計，甚或是短視近利的選舉操作。

英國脫歐公投是卡麥隆大膽的政治博弈，目的爲壓制保守黨內部與英國國內的疑歐勢力。英國脫歐公投與蘇格蘭獨立公投相較，前者乃爲殲滅疑歐主義，後者則爲消滅蘇格蘭民族主義。對卡麥隆而言，這兩個公投都是不能也不應通過的公投。脫歐公投可說是政黨鬥爭的假議題，但卻弄假成眞。

其次，公投易將複雜問題簡單化。英國脫歐公投將英國與歐盟的龐雜關係，簡化爲脫離和續留兩個選項。脫歐公投成爲脫歐派與留歐派的零和賽局，限縮英國與歐盟關係的多元發展空間。脫歐公投後，英國與歐盟進行脫歐協商時，才發現英國與歐盟關係盤根錯節。

2016 年英國脫歐公投中，英國人民面對的選項，只有「是」或「否」的二擇一單選題。然而，實際邁向脫歐之路後，方體認脫歐本身爲複雜議題，不僅牽涉英歐關係，甚至涉及北愛邊境、蘇格蘭獨立、及威爾斯分離主義的問題，恐對英國國家完整性造成重大衝擊。

其三，公投結束後，若贏家與輸家二方的得票率接近，易造成對公投公平性的質疑。舉例而言，英國脫歐公投雖是脫歐派險勝，但公投後留歐派民意逐漸高漲。英國民調學者柯諦斯，因此對公投提出質疑。他認爲，英國脫歐公投（2016 年 6 月 23 日）與脫歐日（2020 年 1 月 31 日）之間的民意轉變，「讓人對公投作爲直接民主機制的有效性產生疑問，至少就贊成與反對兩方得票數非常接近的投票而言」（The New European, 2020）。

其四，倘若公投的議題，本身即具高度民意分歧，公投未能輕易化解問題，反而可能激化分歧或創造成新的分歧。長久以來，相較於歐盟其他會員國，英國對歐洲統合始終抱持戒愼恐懼的態度。英國身爲歐盟重要成員國，但在涉及國家主權的部分政策領域

享有退出權。英國因而常被形容為歐盟會員國裡的尷尬夥伴。

　　對英國而言，英國與歐盟關係，始終是一個具有高度分歧的政治議題。英國於 1973 年加入歐洲共同體（歐盟前身），親歐派與疑歐派的歧見，屢屢引發英國政黨間激烈辯論，甚至造成政黨內部嚴重分裂。歐洲，成為英國政治議題中的糖衣毒藥，也遭保守黨形容為黨內的不定時炸彈。

　　1975 年工黨首相威爾遜，就英國是否續留歐洲共同體舉行公投。1975 年的公投，暫時緩解工黨內部疑歐勢力。但是，1980年代工黨對歐政策的分裂再起，且英國人民疑歐傾向更為明顯（Oliver, 2015: 83）。

　　2016 年的英國脫歐公投，原本希望緩和英國國內疑歐派勢力，但公投後卻造成英國國內脫歐派及留歐派的嚴重對抗。脫歐公投激化英國國內對歐盟議題的對立，使英國對歐政策愈形分裂而非凝聚共識。只要英國與歐盟的政經連結持續不斷，歐洲會繼續成為英國政治討論中的一道未解難題。

　　最後，公投後若民意翻轉，恐形成民主局限。英國脫歐公投後，面對混亂的脫歐情勢，英國朝野對於脫歐議題莫衷一是。公投後，英國政黨與人民要求二次公投甚或終止脫歐的呼聲，不斷再起。

　　2016 年 6 月 23 日，英國脫歐公投的結果顯示，脫歐派險勝。但是，2020 年 1 月 31 日脫歐日當天，根據民調顯示，46%的受訪者認為脫歐是錯誤決定，43% 受訪者認為脫歐是正確決定（Survation, 2020）。脫歐日這一天，英國民意已今非昔比，呈顯公投後民意翻轉的弔詭結果。

　　倘若脫歐後，多數民眾反悔並主張留歐，究竟繼續脫歐以遵從公投決定，才是民主的展現？抑或服膺新民意而停止脫歐，才符合

民主精神？假如公投後選民回心轉意，民主可否容許後悔？

2012 年，英國前任脫歐大臣戴維斯曾就歐盟民主，提出批判。戴維斯嘗言：「如果民主不能改變心意，便不再是民主」（Davis, 2012）。這句話在英國脫歐過程中，常被引用以批評政府脫歐政策未能反映民意變遷。戴維斯抨擊歐盟民主的利劍，到頭來卻成反諷英國民主的回馬槍。

脫歐公投後，英國出現反悔聲浪，顯示民主非線性發展。公投後部分政治人物與民眾，希望扭轉脫歐公投結果。不過，後悔代價過於龐大，脫歐難以回頭。

脫歐公投的發動者，亦即英國前首相卡麥隆，也成爲脫歐的後悔者之一。卡麥隆雖然推動脫歐公投，但他支持英國續留歐盟。2019 年 9 月卡麥隆接受訪問，針對脫歐結果表示後悔。卡麥隆坦言：「我最大的後悔是輸掉脫歐公投，且我沒有一天不在思索，應如何做才會有不一樣結果」（Cameron, 2019a）。卡麥隆反思脫歐公投始末，再次強調「脫歐不是我的選擇」（*Ibid.*）。脫歐非卡麥隆本意，但對照脫歐公投後難以控制的脫歐混亂與困難，卡麥隆的留歐信念顯得思慮未周。

卡麥隆卸任後，於 2019 年出版回憶錄《紀錄》（*For the Record*）一書中，堅信舉行脫歐公投是正確決定。卡麥隆表示：「我非常確信且今天也這麼認爲，給人民抉擇的機會始終是正確的」（Cameron, 2019b: 682-683）。但是，對於未能贏得英國脫歐公投，卡麥隆承認失敗與懊悔：「我失敗的事實，在於未能贏得脫歐公投，及未能達成讓英國留在歐盟的重責大任……我對於脫歐公投失利，感到深深後悔。我知道後悔將永遠不會離我而去，永遠不會」（*Ibid.*）。

卡麥隆推動公投之初，信心滿滿。公投後，卡麥隆面對不如預期的公投結果，只能徒留萬般懊悔，顯露公投充滿風險與局限。脫

歐公投不僅是英國對歐關係的試煉，更考驗民主母國的政治智慧。

第二節　國家主權的信仰與迷思

英國脫歐公投反映出，區域統合對國家主權的衝擊，始終是爭論不休的難題。英國前外交大臣海格曾指出，「歐洲」是保守黨內的不定時炸彈（BBC News, 2011）。歐洲議題在英國政治若是顆不定時炸彈，國家主權則是引信。

英國脫歐公投，突顯英國對國家主權受歐洲統合侵蝕的憂慮。英國脫歐公投過程中，「拿回控制權」（take back control），成為脫歐派陣營的響亮口號（Vote Leave, 2016）。根據民調顯示，保護英國的主權，為人民投票脫歐的主要理由之一（Lord Ashcroft Polls, 2019a; Ipsos MORI, 2016）。

英國加入歐洲共同體後，主權始終是關鍵議題。雖然英國採不成文憲法，英國的「議會主權」原則，為英國憲法的重要原則。英國的「議會主權」原則，亦即由君主、上院、與下院所組成的「議會」，享有英國立法的最高主權。

1960 年代後，歐盟法取得高於會員國國內法的法律位階，英國的「議會主權」原則遭受挑戰。英國政府對於歐盟法律及立法權限的擴增，及聯邦化的憲政發展，深感戒慎恐懼。

同時，受到全球化和區域整合發展的影響，傳統的主權概念已遭到衝擊。英國亦體認全球化及區域整合的趨勢下，國家無法獨善其身。由於沒有一部成文憲法法典的屏障保護，引起英國憲法學者雷德理（F. F. Ridley）的批評，認為英國憲法好似「國王的新衣」（Ridley, 1988）。

　　歐盟創造出主權國家相互統合的超國家組織，對傳統國家主權造成侵蝕。然而，歐盟國家透過合作，擴大了國家主權的內涵，提升國家的安全與影響力。歐盟的發展與運作，使當代國家主權，從傳統的絕對主權發展至相對主權，展現延展與彈性的優點。

　　歐洲統合過程中，由於英國沒有一部成文化憲法，英國對維護國家主權感到格外擔憂。但另一方面，英國不成文憲法的彈性與包容，卻弔詭地使英國容易適應當代國家主權內涵的轉變與擴大。

　　英國脫歐公投，再次爲英國朝野與民眾，提供針對英國主權重新思辨的重要機會。英國如何面對歐洲統合與國家主權的衝突，將對當代國家省思區域統合下國家主權的局限、轉變、與超越，有所啓發。

第三節　英歐關係的霍布森選擇

　　十七世紀英國劍橋，有位名爲霍布森（Thomas Hobson）的馬匹出租業主。霍布森發現，顧客挑選馬匹時，總是挑選最好的馬匹，導致優秀馬匹過勞。因此，霍布森設計一個嚴格的輪流制度，規定顧客挑選馬匹，只准許挑選最靠進門邊的那匹馬。

　　後世發展「霍布森的選擇」此一諺語，用來指涉別無選擇的選擇，亦即一個人沒有選擇的餘地，因爲如果他不接受被提供的選項，將一無所得（Oxford Dictionary, 2020）。

　　英國脫歐後，英歐關係的新模式，對英國而言，猶似霍布森的選擇。2016 年英國脫歐公投時，英國選民面對的，僅是英國是否應該脫離歐盟的簡化問題。公投結束後，英國開啓與歐盟的脫歐談判，才發現英國脫歐遠比想像中複雜和困難。

英國與歐盟的脫歐協商中，英國希望取得國家利益的最大化，但卻陷入霍布森選擇的陷阱。透過脫歐協商，英國希望與歐盟建立新的經貿關係，並極大化英國國家利益。然而，英國希望與歐盟維持脫歐前關係，無異緣木求魚。英國脫離歐盟後，英國已非擁有否決權的成員國，無力杯葛決策或對歐盟及成員國施壓。

脫歐協商過程中，發球權已由歐盟掌握。在英國脫歐前的歐洲統合過程，英國屢次於歐盟重大條約的簽訂，獲得歐盟讓利。英國與歐盟進行脫歐協商時，英國是即將脫離的歐盟成員國，歐盟無需繼續對英國過多讓步。英國從而無法主導與歐盟及 27 個會員國的協商。

面對英歐協商結果，英國只能接受，否則將面臨無協議脫歐後果，一如看似可以自由選擇但卻受制於人的霍布森選擇。英國脫歐後，不可能維持昔日英國在歐盟享有的所有好處。英國希望與歐盟建立新關係，必須做出妥協與放棄，這也正是脫歐的代價。

英國脫歐公投中，多數英國人民選擇脫離歐盟。英國與歐洲關係，並未因此譜上休止符。英國脫離歐盟後，英國與歐盟仍將維持另一種合作模式。

英國脫歐公投辯論過程中，歐洲國家如挪威和瑞士等國參與歐洲事務模式，是否適用脫歐後的英國，引起熱烈討論。舉例而言，挪威經過兩次全民公投，結果都決定不加入歐盟。不過，挪威選擇加入歐洲經濟區（European Economic Area, EEA），享有歐洲單一市場的好處，但須執行歐盟相關規定。瑞士亦非歐盟成員國，但與歐盟簽訂如貿易、申根、科研等多項領域的雙邊協議，並執行相關領域的歐盟法律。

加拿大也成為脫歐後英歐關係的參考模式。根據加拿大與歐盟簽訂的《全面經濟與貿易協定》（The Comprehensive Economic and Trade Agreement, CETA），加拿大與歐盟之間，約有 98% 的貿易貨

品享免關稅待遇。不過，加拿大模式的缺點，包括加國商品須遵守歐盟法規但沒有法規制定權，且該模式的貿易涵蓋範圍排除金融服務業。由於金融服務業在英國經濟占有重要地位，加拿大模式對英國相對不利。

後續協商過程中，英國是否能在既有模式基礎上，建立更優化的英歐貿易關係，例如挪威加強版模式（Norway Plus）、加拿大加強版模式（Canada Plus）、或超級加拿大模式（Super Canada），或者是，英國將建構英歐特殊經貿關係的「英國模式」，走出英關歐系的霍布森選擇陷阱，發展出跳脫歐洲統合傳統窠臼的創新模式。

後脫歐時代英歐關係的新模式，值得進一步探究，並可對當代國家面對區域統合挑戰時，提供借鏡參考。

第四節　英國脫歐後歐盟未來展望

2020 年 1 月 31 日子時，英國成爲歐盟歷史上第一個脫離的會員國，解除長達四十七年的歐盟會員國資格。自 1951 年歐洲煤鋼共同體創立後，歐盟成立六十九年之際，出現會員國主動脫離首例。英國脫歐後，之前擁有 28 個會員國的 EU-28（歐盟會員國縮寫），成爲 EU-27。

1 月 31 日英國脫歐後，英國人民陷入兩樣情。脫歐派對英國恢復自主，歡欣鼓舞。留歐派對英國脫歐，則離情依依。對歐盟來說，英國脫歐也激起複雜情緒。英國脫歐被視爲歐盟運作的警示燈，但也成爲歐盟重振旗鼓的契機。

一方面，英國脫歐被視爲歐盟的重大治理危機。法國總統馬克宏（Emmanuel Macron）於 2020 年 1 月 31 日英國脫歐日提出警告，他認爲英國脫歐是「歷史性警訊」，且歐盟各國及歐洲全體皆應聆

聽和反思。馬克宏亦批評英國脫歐暴露民主缺陷，歐盟國家應引以為戒。馬克宏指出，2016 年英國脫歐公投「充滿謊言、誇大、簡化」，並顯露「謊言在民主引起的後果」（Euronews, 2020）。

英國脫歐公投前，歐盟對於成員國的脫歐，即不斷提出警示，希望說服英國人民選擇續留歐盟。2016 年 6 月脫歐公投前，歐洲理事會主席圖斯克（Donald Tusk）語出驚人表示，英國脫離歐盟，甚至將造成西方政治文明瓦解，因此希望英國選民能夠選擇留歐。曾於大學主修歷史的圖斯克指出：「作為一位歷史學者，我擔憂英國脫歐，不僅將是歐盟也是全面西方政治文明毀滅的開始」（Reuters, 2016）。

對歐盟而言，英國出走，對歐盟的運作雖不致產生重大衝擊，但對於歐盟團結與士氣，無異敲響一記警鐘。歐盟亦擔心，英國脫歐將刺激歐盟疑歐派勢力的增長，進而造成會員國跟進脫離歐盟的骨牌效應。

另一方面，英國脫歐，亦被視為歐盟反省及改革的大好良機。面對第一個出走的成員國，歐盟被迫反思治理危機，並希望化危機為轉機。歐盟分裂的危機，弔詭地使歐盟與會員國回首歷史，重新省思歐盟的價值與貢獻。

歐盟於 2017 年出版《歐洲未來白皮書：2025 年之前歐盟 27 國的回顧與方案》（*White Paper on the Future of Europe: Reflections and Scenarios for the EU27 by 2025*）（以下簡稱《歐洲未來白皮書》），針對英國脫歐後的歐盟未來，提出政策建議與展望。《歐洲未來白皮書》中，強調歐盟創立的初衷與信念，呼籲會員國攜手同心，為歐盟未來繼續奮鬥。

特別是，《歐洲未來白皮書》中，展望 2025 年歐盟發展，提出五種可能情況，包括維持現狀發展，只維持單一市場，允許有意願的成員國在個別領域共同發展更多，做得更少但更有效率，以

及團結做更多的事（European Commission, 2017: 26）。白皮書亦提到，不論未來歐盟採取何種發展途徑，「歐盟的價值與抱負，將凝聚歐洲並值得爲之奮鬥」（*Ibid.*）。

因此，《歐洲未來白皮書》的出版，彰顯歐盟對於歐盟未來發展的包容、開放、與彈性，藉此希望透過討論與辯論凝聚共識，讓歐盟 27 個會員國得以繼續攜手前行。

以《歐洲未來白皮書》的歐盟願景爲基礎，歐盟執委會主席容克，揭櫫歐盟未來發展的三大重要原則，包括自由、平等、法治，藉此彰顯歐盟爲「價值的聯盟」（Junker, 2017）。容克強調歐盟價值的重要性，他指出：「對我來說，歐洲不僅是單一市場，亦不僅是金錢、貨幣、及歐元。歐洲永遠與價值有關」（*Ibid.*）。

英國脫歐，使歐盟走到一個新的十字路口，面對團結或分裂的岔路。英國脫歐，不僅使英國重新檢視歐盟利弊，同時也讓歐盟與會員國回首來時路，重新反思自身價值。

2012 年，歐盟獲得諾貝爾和平獎重大殊榮。諾貝爾和平獎評定機構「挪威諾貝爾委員會」表示，歐盟獲獎理由在於「過去逾六十年間，歐盟爲歐洲地區的和平、和解、民主、及人權的推動，做出貢獻」（The Nobel Prize, 2012）。

歷經超過一甲子的發展，歐盟已發展爲一個超國家組織。歐盟愈趨複雜的決策機制與組織架構，以及與日俱增的繁文縟節，逐漸成爲會員國疑歐勢力的眾矢之的。

歐盟組織與法規的疊床架屋，與歐盟貢獻相較，顯得瑕不掩瑜。歐盟的建立，締造二戰後歐洲地區的和平與繁榮。歐洲統合自 1950 年代發展迄今，從最早的歐洲煤鋼共同體到現今的歐盟，已成爲二戰後區域整合的全球典範，並成爲全世界最大經濟體。

歐盟模式的發展，體現歐洲國家追求和平及繁榮的團結與努

力。英國脫歐，成爲歐盟發展轉捩點。英國轉身離去，使歐盟在迷惘困頓中，重憶統合初衷與自身價值，包括和平、自由、民主、平等、法治、人權等，這也是歐盟未來發展的動力與方向。

第五節　全球化挑戰下國家何去何從

英國脫歐公投，不單聚焦英國與歐盟關係，實則反映英國國家發展的內在焦慮。歐洲的問題，已成爲英國政治的代罪羔羊，歐盟則化爲唐吉訶德眼中的巨人幻影。這場公投的主題，表面上是英國與歐盟的關係，但眞正命題在於英國本身。

曾經創建人類史上最大帝國的「日不落國」，現今的英國國力已不若以往。英國脫歐過程中，復面臨地方分離主義壓力，包括蘇格蘭、北愛爾蘭、及威爾斯反對脫歐甚或舉行獨立公投以脫離英國的呼聲。

英國不惜脫歐的大膽自信，亦投射出其惶恐不安。歐盟淪爲眼前問題的替罪羊，藉以迴避及正視英國面臨的自身挑戰。脫歐派雖然贏了公投，但離開歐盟的英國，接下來的敵人只剩自己。

英國脫歐公投，引發更廣泛深層的問題，亦即區域統合及全球化衝擊下英國面對的國家發展挑戰，例如經濟發展與國際地位。英國的國家發展問題，固然與歐盟有關，但不論英國脫離或續留歐盟，歐盟皆非解決這些問題的萬靈丹。英國脫歐公投帶來另一項啓發，亦即區域統合或全球化恐淪爲政治化的命題，使國家迴避思索眞正的發展問題。

英國脫歐，益發反映全球化挑戰下英國國家發展的困境。以下就經濟與外交兩個層面分別討論。首先，全球化引發的經濟發展不均，被視爲英國通過脫歐公投的一項原因。全球化的過程，創造全

球化中獲利的「贏家」，以及全球化中失利的「輸家」。英國脫歐，因此成爲全球化輸家表達對現狀不滿的情緒出口。

　　英國脫歐公投結果顯示，選民及地區的經濟條件，成爲影響脫歐的因素之一。就選民人口特徵來看，社會階層愈高，愈支持英國續留歐盟。社會階層愈低，愈希望脫離歐盟。就家庭收入而論，收入愈豐者支持留歐，收入愈貧者希望脫歐。

　　就地區而論，英國經濟發展較差的地區，包括擁有較高失業率或較低平均薪資，擁有較高的脫歐選民比例（Becker, Fetzer, and Novy, 2017; Bell and Machin, 2016）。

　　此外，大都會區的選民，傾向支持留歐的比例愈高。2016 年英國脫歐公投顯示，倫敦市擁有高達 75.3% 的選民支持留歐（BBC News, 2016b），爲英國擁有最高留歐支持率的地區之一。

　　學者柯蘭同（Italo Colantone）和史塔尼格（Piero Stanig）主張，全球化引發地區性經濟發展不均，爲英國脫歐主因之一（Colantone and Stanig, 2018: 217）。全球化使部分社會族群及地區的發展惡化，且國家無力對這些弱勢社會族群及地區制定補償政策，因而引發全球化中失利者不滿，並希望藉由脫歐改善現況（*Ibid.*）。

　　但是，英國脫歐公投結果呈現一個弔詭，即支持英國脫歐比率較高的地區，正好也是與歐盟貿易依賴度較高的區域。英國脫歐對這些地區，產生較高衝擊。根據學者貝克（Sascha O. Becker）、費策（Thiemo Fetzer）及諾維（Dennis Novy）的研究發現，對於歐盟貿易依賴較深的地區，具有較高脫歐支持率，其原因在於這些地區具高度集中的製造業，且與歐盟國家擁有密切進出口關係（Becker, Fetzer, and Novy, 2017: 626）。

　　此外，學者費策（Thiemo Fetzer）與王（Shizhuo Wang）針對

2016 年英國脫歐公投至 2019 年第三季期間，英國脫歐的區域性經濟成本進行分析，發現英國 382 個地區中，至少有 168 個地區受脫歐衝擊造成經濟損失，成爲英國脫歐公投的輸家（Fetzer and Wang, 2020: 1）。

上述研究亦指出，英國脫歐公投在三類地區造成較大損失，包括高度倚賴製造業的地區，居民教育程度較低的地區，以及 2016 年支持脫歐比例較高的地區（Ibid., 29）。英國脫歐因而加深英國弱勢地區的經濟不平等，對較支持脫歐的地區產生更大經濟衝擊。

準此而論，倘若英國脫歐是全球化輸家的反抗，反映全球化成果分配不均，但英國脫歐卻使全球化輸家的處境更爲艱難，貧富不均狀況愈形惡化。

英國脫歐公投中，支持脫歐比例最高（75.6%）的英國城鎮爲波士頓（Boston）。脫歐公投後，波士頓因此被冠上英國「最支持脫歐的城鎮」之名。波士頓的經濟，主要依賴低工資的食物處理業。當地許多工作，與蔬果花卉的採收和包裝有關（Martin, 2019）。波士頓的平均工資，亦遠低於英國全國平均值（Smith, 2019）。

另一方面，2004 年歐盟東擴後，波士頓湧入大量歐盟移民。根據統計，2004 年至 2014 年間，波士頓的移民人口增長率高達 460%，且波士頓居民中出生於歐盟東擴國家（例如立陶宛、波蘭、拉脫維亞等）的比例達到 12%（Ibid.）。

脫歐公投中，波士頓選民支持脫歐的比例爲英國之冠。波士頓這個城鎮因而受到關注，引來諸多媒體對當地民眾進行訪問。波士頓的例子反映出英國經濟發展處於劣勢的地區，面對湧入的歐盟移民，引發工作機會與社會資源遭到排擠的壓力，進而對英國與歐盟建制階級產生不滿。

　　對於移民的態度，波士頓居民的看法不一。部分當地民眾對於移民湧入產生疑慮，認爲移民數量未受控制，導致當地基礎設施無法容納過多移民，指責移民搶走工作（Martin, 2019; Smith, 2019）。

　　亦有部分波士頓當地民眾認爲，不能將所有問題歸咎於移民。相反地，波士頓的眞正問題在於，英國政府未能增加政府支出，使公共服務得以應付移民人口增長產生的問題（*Ibid.*）。當地部分受訪者感慨，有被英國政府拋棄之感，認爲「脫歐背後的多數憤怒，似乎來自被英國政府的忽視，而非來自對歐盟的長期不滿」（Smith, 2019）。

　　波士頓的眞正問題，在於波士頓的城鎮發展問題。一如脫歐過程中，英國的根本問題，最終源自英國本身，但歐盟往往易於成爲英國轉移問題焦點的工具。

　　英國脫歐結果，顯示英國經濟發展的問題，包括貧富不均、勞工技術升級、產業轉型等。英國爲工業革命的發源地，但隨著科技技術的革新，部分製造業未能及時轉型，淪爲夕陽產業。部分過去擁有興盛製造業的地區，如今因未能迎合時代需求，成爲高失業率及產業沒落地區。英國脫歐突顯出，這些問題是英國數十年形成的自身國家發展問題，而非肇因於歐盟。

　　學者卡爾多（Mary Kaldor）於曼斯菲爾德（Mansfield）和潘德（Pendle），與當地選民進行訪談。2016 年脫歐公投中，曼斯菲爾德有 70.9% 的選民支持脫歐，潘德則有 63.2% 的選民支持脫歐。這兩個地區，皆爲高度支持英國脫歐的代表性地區。

　　卡爾多自訪談中發現，選民做出脫歐決定，背後的關鍵考量包括「低度技術訓練、缺乏基礎建設、缺乏投資、以及普遍忽視」，且當地民眾感到「不管是英國或歐盟，沒有任何一個權力當局，對他們的問題予以關心或關注」（Kaldor, 2019: 17）。

產業沒落與經濟衰退的弱勢地區，民眾易陷入包括低薪、失業、低教育程度、低技術等貧窮困境。民眾對生活現況與未來感到灰心與憤怒，因而引發對政治建制階級的不滿。對於現狀的反對，成了弱勢選民手中僅有的政治籌碼。

達華斯（Zscolt Darvas）的研究指出，英國脫歐公投結果顯示，收入不均與貧窮程度愈高的地區，擁有愈多支持脫歐的選民（Darvas, 2016）。

達華斯進一步分析：「總體而言，高度的貧富不均與貧窮，對個人福祉與社會凝聚造成傷害，並可能在公投與選舉中刺激抗議投票」（Ibid.）。英國脫歐公投的選票，成為弱勢選民的無言抗議，抗議他們的處境遭忽視，及這個國家的發展不均問題。

其次，外交層面而言，英國選擇脫歐，迫使英國對於自身國際地位與外交政策重新省思。對英國外交政策傳統而言，英國的孤立使其更有彈性，更能自由追求英國的國家利益與價值判斷。

英國前首相帕默斯頓（Viscount Palmerston）針對英國外交政策，發表過一段經典談話：「我認為英國的真正政策，是要彰顯正義與公平。英國並非成為世界的唐吉訶德，而是穩健及謹慎追求這樣的政策……我相信只要英國站在正確的一邊……英國一定會發現，吾道不孤必有鄰」（Palmerston, 1848）。

十九世紀末，英國發展出「光榮孤立」的外交政策傳統。英國「光榮孤立」政策的目的，希望保持孤立並藉由維持歐洲均勢，將外交重心置於擴張及維護英國在海外殖民地的利益。

對英國而言，「光榮孤立」是保護國家利益的自主選擇，一如十九世紀英國海軍大臣戈申（George Goschen）嘗言：「我們的孤立不是軟弱的孤立，也不是遭到蔑視的孤立，那是一種故意選擇的孤立，而且在任何情況下可以按自己意願行動」（Goschen, 1896）。

　　二十世紀以降，隨著國際情勢轉變，英國漸漸由「光榮孤立」走向結盟。英國「光榮孤立」政策雖已轉變，但對英國外交政策產生深遠影響。英國外交政策上的孤立，並非徹底孤立無援。相反地，英國希望保持外交空間與彈性，在國際間左右逢源，以維護及創造英國最大利益。

　　透過脫歐，英國希望跳脫對歐盟的依賴，放眼世界。梅伊的脫歐策略「全球英國」（Global Britain），主張脫歐不僅是英歐關係的重新調整，更是英國國際政治經濟角色的重新定位。強生接下首相大位後，承襲梅伊「全球英國」的脫歐政策，並更進一步強調，希望英國應該成爲全球自由貿易的超人（Johnson, 2020）。

　　然而，「全球英國」的英國夢藍圖，能否於後脫歐時代落實，理想與現實之間，仍存在許多挑戰。英國離開歐盟後，希望調整外交政策重心，與世界其他國家重新建立更深厚的經貿關係。

　　特別是，英國脫歐過程中，美國常被視爲脫歐後英國重要國際夥伴。脫歐後英國希望深化與美國的關係，以彌補英國脫離歐盟的損失。脫歐過程中，梅伊與強生皆強調，英國脫歐後，英國與美國將儘快展開新的貿易協商。

　　揆諸現實，英國與美國的自由貿易協定，始終停留在只聞樓梯響，不見人下來。此外，英國與美國之間的經貿關係，亦存有諸多矛盾，未來英美間的自由貿易協商，仍有待磨合。

　　另一方面，對英國而言，美國與歐盟皆爲重要貿易夥伴。英美關係的深化，無法彌補英國離開歐盟的損失。1960 年麥克米倫政府內閣官員，曾就英國政策撰寫分析報告〈1960 年至 1970 年未來政策研究〉（Future Policy Study 1960-1970），對英國未來的世界角色提出展望。

　　上述報告，特別針對英國、美國、及歐洲關係，提出警示：

「英國政策的基本原則非常清楚。英國一定不能陷入於美國與歐洲之間，做出最終選擇。拒絕任何一邊，都將違背我國重大利益，且如須在美歐之間做出選擇，意味對大西洋聯盟的破壞」（Quoted from New Statesman, 2020）。若將美國與歐盟，視爲英國外交的單選題，事實上違反英國利益。前述的政策建議，對後脫歐時代的英國外交，亦深具啓發。

脫歐後，英國亦積極與大英國協及世界其他國家，重新建立關係。2017 年 3 月的國協貿易部長會議首次召開時，英國國際貿易大臣福克斯（Liam Fox）表示，英國政府希望脫歐後，進一步擴大與國協成員國的合作（Fox, 2017）。

英國政府希望與國協成員國加強合作的願景，亦引來批評聲浪，遭質疑英國將創造 2.0 版的大英帝國。英國計畫透過與國協重新合作，以彌補英國脫歐損失，仍具有許多挑戰。

一方面，多數國協成員國，與英國的距離遙遠，且市場成熟度不高。另一方面，英國對國協的貿易倚賴，低於英國對歐盟的貿易倚賴。以 2019 年爲例，英國出口到歐盟的比例占出口市場的 43%，出口至國協的比例僅 9.3%。英國自歐盟進口的比例占進口市場的 57%，但自國協進口的比例僅 8.9%（Ward, 2020: 9）。

再者，現今的英國，已非昔日大英帝國。英國已無法透過過去剝削與掠奪的方式，控制這些前殖民地國家。英國欲以國協市場取代歐盟市場的英國夢，存在諸多困難。

梅伊政府啓動脫歐後，積極出訪尋求新貿易夥伴，例如中國、印度、日本等，希望積極拓展英國對外經貿及合作關係。誠然，英國脫歐後，展現尋求國際市場合作夥伴的強烈企圖心。但現實上，脫離歐盟後，英國國際地位將受衝擊。

英國希望順利完成與歐盟的脫歐經貿協商，並儘速與其他國家

簽訂後脫歐時代的經貿協議，皆爲與時間賽跑的困難任務。英國脫歐後，不僅讓英國反思英歐關係，亦重新檢視英國外交政策與國際地位的理想與現實。

英國是一個什麼樣的國家，透過脫歐，英國將思索及回答國家發展的眞正問題，包括經濟與外交發展的困境。英國已做出脫歐抉擇，一個繫乎國家發展的關鍵抉擇。後脫歐時代，英國面對充滿未知的脫歐之路，只能迎難而上，並重新思考英國該何去何從。

第六章
結論

　　2016 年 6 月 23 日英國脫歐公投後，多數選民做出脫歐抉擇。公投後，脫歐議題並未就此塵埃落定。相反地，脫歐公投打開英歐關係的潘朵拉盒子，使英國陷入長達三年半的脫歐激辯與政治混亂。

　　2020 年 1 月 31 日英國脫離歐盟，英國與歐盟關係進入過渡期，展開後脫歐時代的協商。然而，後脫歐時代的英國與歐盟，並未就此分道揚鑣。一如英國前首相狄斯累利的名言：「終結不是政治語言」（Disraeli, 1859），英國與歐盟關係並未因脫歐終結，而是開啓另一頁新篇章。

　　英國脫歐，是正確或錯誤的決定？這個問題，在脫歐公投後引起各方爭辯。根據英國脫歐日（2020 年 1 月 31 日）民調顯示，四成六受訪者承認，脫歐爲錯誤決定，而四成三受訪者認爲脫歐是正確決定（Survation, 2020）。民意變遷，使脫歐成爲此一時彼一時的政治喜惡。

　　英國脫歐的是非對錯，本身即是一個不斷演化與選擇的過程。揆諸英國脫歐的歷程，英國朝野對於脫歐與否爭論不休，遑論就脫歐的是與非，達成最終共識。英國開啓脫歐後，英國朝野與人民逐漸體認到，脫歐理想與現實間，存在巨大鴻溝。

　　英國脫歐公投彷彿透視鏡，穿透英國政治的迷霧，使人得以看清脫歐本質。首先，英國脫歐困難複雜，英國政治人物希望訴諸民意，卻終失信於民。脫歐公投後，兩位英國首相包括卡麥隆與梅伊，因脫歐議題下台。首相強生則因脫歐政策在下院遭強大反制，一度被迫提前舉行國會大選。脫歐公投前，卡麥隆誓言倘若公投結果爲英國脫歐，將帶領英國完成脫歐。但是，脫歐公投隔天，卡麥隆不敵公投失利壓力，閃電宣布辭去首相職位。

　　2016 年梅伊競選保守黨黨魁大位時，針對英國脫歐挑戰，斬釘截鐵地表示：「脫歐就是脫歐。我們將使脫歐成功」（May,

2016a）。然而，梅伊接下首相大位至主動辭職的三年任期間，脫歐陷入僵局。梅伊「脫歐就是脫歐」的雄心壯志，反而成為政治諷刺的把柄。脫歐任務，最終成為梅伊首相功績中，最大的未竟之功。

首相強生 2019 年上任之初，信誓旦旦夸言，將於是年 10 月 31 日脫歐期限前帶領英國脫歐。強生誓言決不會向歐盟申請延後脫歐，否則「寧願死在溝渠」（Johnson, 2019b）。

強生政府的脫歐協議，並未獲下院支持。來自議會的反對勢力施壓下，強生被迫向歐盟再次申請延長脫歐期限，並最終提前舉行大選，企圖藉此解開脫歐困局。

面對脫歐，英國政治人物的口號與政策，難敵現實的考驗，而不斷轉彎。特別是，脫歐的政治承諾，屢屢自證成為誓言的反義詞。

其次，長久以來，英國與歐洲關係，是英國政治的不定時炸彈。透過公民投票，希望釜底抽薪解決歐洲問題，但治絲益棼，且後果難料。英國素享民主母國美譽。針對公民投票此一直接民主機制，英國始終戒慎恐懼。英國歷史上，僅有三次全國公投，包括 1975 年英國脫歐公投、2011 年選舉制度改革公投、以及 2016 年英國脫歐公投。

英國憲政學家博格丹諾（Vernon Bogdanor）針砭公民投票與英式民主的扞格，指出：「直至 1970 年代，公民投票在英國視為違背憲法，因為英國議會享有最高主權，且公民投票某種程度視為獨裁者武器，而不應由民主政府使用」（Bogdanor, 2014b: 1）。

1975 年 6 月英國舉行首次脫歐公投，當時的最大反對黨保守黨，便對公投的民主正當性強烈抨擊。1975 年 4 月，英國前首相及前保守黨黨魁希斯表示：「保守黨已表明清楚觀點，即無論如何反對公投作為一種憲政機制。我們認為這令人憎惡。我們認為這

是毫無必要。我們認爲這是政黨政治謀略的一部分。但若舉行公投，我們會全力以赴，以取得勝利」（Heath, 1975）。

1970 年代以降，英國已舉行三次公民投票。公投從早期的民主禁忌，逐漸被廣泛接受。近數十年來，公投不時成爲政治人物訴諸民意的口號與工具。特別是，英國首相卡麥隆任內，舉行兩次全國公投，及一次地區公投（蘇格蘭獨立公投）。卡麥隆於其回憶錄表示，他深信公投賦予人民選擇機會，乃正確決定。但英國脫歐公投結果，卻使卡麥隆後悔不已（Cameron, 2019b: 683）。

英國脫歐公投，突顯公投風險與矛盾。脫歐公投不僅未化解英國脫歐的政治分歧，復使這些分歧愈形加劇。特別是，公投結果中，贊成與反對的比例相近，再加上對於公投結果的反悔日增，使公投結果像是政治枷鎖，將留歐派與脫歐派的對立，繼續綑綁在一條難以回頭的民主不歸路。

英國脫歐公投這面透視鏡，不僅暴露脫歐本質，也使英國看清國家的眞實樣貌，並思索國家的未來與機遇。英國選擇脫歐，不但希望脫離歐盟，更渴望追尋英國在新世界的角色定位。英國企圖掙脫歐盟的束縛，尋找更大的自由空間。英國外交上的孤立選擇，實則反映英國對其自身國力的驕傲與惶恐。

一方面，大英帝國的歷史榮光，使英國孤高自許。二戰之後，英國國力已不如過往。現在的英國，在世界政治與經濟舞台，仍是具有影響力的強權。政治層面而言，英國爲聯合國安全理事會的常任理事國。經濟層面而論，英國爲世界第六大經濟體，躋身世界七大工業國之列。

另一方面，二十世紀以降，英國體認到國力逐漸衰弱，已非昔日呼風喚雨的世界霸權。面對國際地位的衰落，英國對於國家發展與處境，因而感到惶恐不安。「大不列顚」恐成「小不列顚」，成爲英國人的幽默自嘲。自信與不安，這兩種矛盾情感，正好映照英國

脫歐的大膽與徬徨。

英國是當今世界國家中，國號以「偉大」名之者。英國的國號，全名為「大不列顛暨北愛爾蘭聯合王國」（United Kingdom of Great Britain and Northern Ireland），英文簡稱 UK，別名「大不列顛」（Great Britain）。英國國名，恰好蘊含國家的歷史與自信。

大英帝國鼎盛時期，英國統治全球四分之一的人口與疆域，享有「日不落國」美譽。透過海洋征戰與貿易，英國成為海上霸權，打造歷史上版圖最大的殖民帝國，引領世界的發展。

英國十九世紀末「光榮孤立」的外交政策傳統，也反映英國當時的國際思維與自信。二十世紀以來，隨著國際情勢變化，英國漸漸由「光榮孤立」走向結盟。英國的「光榮孤立」政策雖已轉變，但對英國外交政策仍產生深遠影響。英國脫歐後，英國希冀迎來「新光榮孤立」的外交新紀元。在世界政治新局，特別是全球化與區域整合的發展，英國企圖重新尋找國家發展的利基點。

自梅伊到強生政府，英國脫歐政策延續「全球英國」願景主軸。前首相梅伊強調：「英國脫歐不僅刺激我們思考與歐洲聯盟的新關係，應是促使我們思考英國更廣闊的世界角色。英國脫歐，使我們想要成為『全球英國』，一個擁有自信和自由，走出歐洲大陸並放眼世界經濟與外交機會的國家」（May, 2016b: 6）。英國脫歐，定位為英國國際政經地位的策略思維，而不僅是英國與歐盟區域關係的重新調整。

二戰之後，英國國力逐漸式微，轉而加入區域組織，謀求更大經貿利益，於 1973 年加入歐洲共同體。當年的歐洲共同體，如今已發展為超國家組織的歐洲聯盟。

英國加入歐盟，希望尋求更多的自由貿易 —— 沒有關稅、限額、或其他限制的國際貿易。英國的歐盟會籍，使英國享受經貿整

合的益處。英國的商品、人員、服務、及資本，得以在歐洲單一市場內部自由流通。

另一方面，隨著歐洲統合不斷發展，日益繁複的歐盟政策與法規，對英國構成束縛與限制。英國擴大對歐自由貿易的同時，也付出自由的代價。

英國作為世界上第一個工業化國家，開創影響深遠的自由主義經濟模式。1776 年英國經濟學家亞當・史密斯（Adam Smith）出版《國富論》（*An Inquiry into the Nature and Causes of the Wealth of Nations*），對後世自由貿易的發展，奠定理論基石。《國富論》強調自由貿易的重要性，抨擊當時盛行的重商主義，使英國成為自由貿易國家先鋒。

《國富論》出版兩百多年後，2016 年英國公投選擇脫離歐盟。2020 年 1 月 31 日，英國脫離歐盟，盼望重新尋回自由貿易的主導權。

英國透過工業革命與自由貿易，從歐洲大陸邊緣的島國，晉升為世界一流貿易大國與經濟霸主。十九世紀，英國於國力巔峰時期，是世界第一貿易大國和最富有國家，享有「世界工廠」美譽。

2020 年，全球面臨貿易保護主義興起及新冠疫情挑戰。英國脫歐，雖然面臨諸多挑戰，但也成為扭轉英國命運的關鍵機會。身為自由貿易先聲，脫歐後英國企圖在全球化與區域統合浪潮中，開創自由貿易的新空間。英國脫歐模式的發展，是否對全球化及區域統合下自由貿易的運作，提供新的發展路徑，值得後續觀察。

脫歐後英國是好是壞，各界對混沌不明的脫歐前景，莫衷一是。脫歐派強調，脫歐後英國重拾主權，特別是議會主權與邊境管制的主導權，得以成為自主及安全的國家。留歐派憂心，脫歐將衝擊英國對歐經貿利益與政治影響力，英國經濟與政治恐邊緣化。脫

歐對英國來說，一如英國作家狄更斯（Charles Dickens）《雙城記》
（*A Tale of Two Cities*）的開卷語：「這是最好的時代，這是最壞的
時代」。

　　英國脫歐所盼，是獨立而非孤立，是自由而非恐懼。脫歐
後，英國應邁開大步，走出分合對立的二分法。獨立自主與團結合
作，實一體兩面。

　　脫歐後，英國可以成為更積極承擔責任，與歐盟互利共生，以
及與世界重新連結的國家。同樣地，對歐盟而言，脫歐亦為改革契
機。英國脫歐反映出，歐盟政府、會員國、與人民之間，浮現嚴重
裂痕。但是，也正是這些裂痕，突顯彼此攜手向前的可貴與機會。

　　英國脫歐後，或許最大的弔詭是，英國與歐洲本為一體。就歷
史與地緣政治而言，英國在歐洲從未獨立，未曾離開，因為英國與
歐洲始終緊密相連，命運休戚與共。

　　英國脫歐後，希望以退為進，跳脫歐盟束縛，在世界新局中尋
找更寬廣的國際空間。英國脫歐後續發展，對全球化與區域統合下
的當代國家，能否提供新的啟示與借鏡，引人期待。

參考書目

一、中文

甘逸驊（1994）。〈英國與歐洲統合析〉，《問題與研究》，第 31 卷第 11 期，頁 73-84。

尼爾・弗格森（Nail Ferguson）著，睿容譯（2014）。《帝國：大英世界秩序興衰以及給世界強權的啓示》。台北：廣場。

朱景鵬（1995）。〈英國的歐洲統合政策〉，《問題與研究》，第 34 卷第 10 期，頁 40-62。

沈玄池、洪德欽（主編）（1998）。《歐洲聯盟：理論與政策》。台北：中央研究院歐美研究所。

林子立（2017）。〈川普當選與英國脫歐之比較分析〉，《全球政治評論》，第 57 期，頁 7-12。

卓忠宏（2016）。〈移民與安全：歐盟移民政策分析〉，《全球政治評論》，第 56 期，頁 47-73。

李俊毅（2017）。〈英國（還）可以影響歐盟嗎？淺談後脫歐時期的英－歐關係〉，《全球政治評論》，第 58 期，頁 15-20。

洪德欽（2017）。〈英國脫歐對歐盟之影響〉，《問題與研究》，第 56 卷第 2 期，頁 145-163。

洪德欽（2017）。〈英國脫歐對中歐貿易關係之影響〉，《全球政治評論》，第 65 期，頁 1-10。

洪德欽（2018）。〈英國脫歐談判之現況與前瞻〉，《月旦法學》，第 281 期，頁 78-91。

陳希宜（2018）。〈剖析英國脫歐及其對區域整合與發展之影響〉，《全球政治評論》，第 65 期，頁 81-102。

陳麗娟（2018）。《里斯本條約後歐洲聯盟新風貌》。台北：五南。

張心怡（2018）。〈疑歐主義、英國獨立黨與英國的脫歐公投〉，《全球政治評論》，第 63 期，頁 65-96。

張台麟（2017）。〈英國啓動脫歐後對歐盟政經發展之影響〉，《全球政治評論》，第 58 期，頁 1-5。

黃偉峰（主編）（2003）。《歐洲聯盟的組織與運作》。台北：五南。

黃偉峰（主編）（2012）。《歐洲化之衝擊》。台北：五南。

黃琛瑜（1999）。《歐洲聯盟——跨世紀政治工程》。台北：五南。

黃琛瑜（2011）。〈歐洲化與英國中央政府：布萊爾政府個案研究〉，《歐美研究》，第 41 卷第 2 期，頁 465-495。

黃琛瑜（2014）。〈英國與里斯本條約的批准：自由政府間主義的分析〉，《歐美研究》，第 44 卷第 2 期，頁 127-161。

黃琛瑜（2014）。《蘇格蘭獨立公投：政策發展與挑戰》。台北：五南。

黃琛瑜（2019）。《英國政府與政治》。台北：五南。

黃榮源（2019）。《英國地方及區域治理：歷史、制度與變革》。台北：五南。

楊三億（2015）。〈近期難民潮對中東歐國家與歐盟整合之影響〉，《全球政治評論》，第 52 期，頁 17-21。

劉復國（1995）。〈英國與歐洲共同體：國家利益與區域整合的矛盾〉，《歐美研究》，第 25 卷第 3 期，頁 95-121。

羅至美（2018）。〈英國脫歐議題及其對歐洲統合的意涵〉，《問題與研究》，第 57 卷第 3 期，頁 1-52。

羅至美、吳東野（2016）。〈脫歐公投對英國的衝擊：政治與經濟的分析〉，《問題與研究》，第 55 卷第 3 期，頁 145-159。

蘇宏達（2010）。〈從自由政府間主義檢視里斯本條約的發展過程〉，《問題與研究》，第 49 卷第 2 期，頁 1-38。

二、英文

ABC News (2018). 'Brexit: Theresa May Warns Second Referendum Would Be a "Gross Betrayal" of Democracy', https://www.abc.net.au/news/2018-09-03/theresa-may-warns-second-brexit-vote-would-be-a-gross-betrayal/10193934.

Acheson, D. (1962). Speech at the Military Academy, West Point, 5 December 1962, Oxford Reference, https://www.oxfordreference.com/view/10.1093/acref/9780191843730.001.0001/q-oro-ed5-00000015.

Alabrese, E., Becker, S. O., Fetzer, T., and Novy, D. (2016). 'Who Voted for Brexit? Individual and Regional Data Combined', *European Journal of Political Economy*, 56, 132-150.

Allan, T. R. S. (1993). *Law, Liberty and Justice* (Oxford: Oxford University Press).

Arnorsson, A. and Zoega, G. (2018). 'On the Causes of Brexit', *European Journal of Political Economy*, 55, 301-323.

Awan-Scully, R. (2020). 'With Welsh Independence Polling Higher than Ever It Is No Longer a Fringe Movement', https://nation.cymru/opinion/with-welsh-independence-polling-higher-than-ever-it-is-no-longer-a-fringe-movement/.

Barendt, E. (1995). 'Separation of Powers and Constitutional Government', *Public Law*, 599-619.

Barendt, E. (1997). 'Is There a United Kingdom?', *Oxford Journal of Legal Studies*, 17/1, 137-146.

Barber, N. W. (2012). 'The Separation of Powers and the British Constitution', Oxford Legal Research Paper Series, Paper No. 03/2012, http://papers.ssrn.com/sol3/papers.cfm?abstract_id=1995780.

Barnier, M. (2019). Speech at the College of Europe in Natolin, Poland, 27 March 2019, 'Europe after Brexit', file:///C:/Users/user/Downloads/20190329_college_of_europe_natolin_en.pdf.

BBC History (2014). 'Native Tribes of Britain', http://www.bbc.co.uk/history/ancient/british_prehistory/iron_01.shtml#thirteen.

BBC News (2011). 'Europe: The Bomb's Ticking Louder', http://www.bbc.com/news/uk-politics-15384293.

BBC News (2016a). 'EU Referendum Results', http://www.bbc.com/news/politics/eu_referendum/results.

BBC News (2016b). 'EU Referendum: The Result in Maps and Charts', http://www.bbc.com/news/uk-politics-36616028.

BBC News (2017). 'Brexit: Supreme Court Says Parliament Must Give Article 50 Go-Ahead', https://www.bbc.com/news/uk-politics-38720320.

BBC News (2019). 'Parliament Suspension: Queen Approves PM's Plan', https://www.bbc.com/news/uk-politics-49493632.

Beattie, A. (1989). 'Conservatives, Consensus and the Constitution', *LSE Quarterly*, 3/2, 123-148.

Becker, S. O., Fetzer, T., and Novy, D. (2017). 'Who Voted for Brexit? A Comprehensive District-level Analysis', *Economic Policy*, 32/92, 601-650.

Bell, B. and Machin, S. (2016). 'Brexit and Wage Inequalities', https://voxeu.org/article/brexit-and-wage-inequality.

Benn, T. (1985). 'The Case for a Constitutional Premiership', in A. King (ed.), *The British Prime Minister* (London: Macmillan), 221-241.

Beresford, J. (2019). 'Sinn Fein Says Brexit Will Pave the Way for a United Ireland "within a Generation"', https://www.irishpost.com/news/sinn-fein-says-brexit-will-pave-way-united-ireland-within-generation-173046.

Blair, T (1997). Speech at the Party of European Socialists' Congress in Malmö, Sweden, 6 June 1997.

Blair, T. (2010). *A Journey: My Political Life* (London: Random House).

Bogdanor, V. (2014a). 'The Decision to Seek Entry to the European Community', Gresham College, https://www.gresham.ac.uk/lectures-and-events/the-decision-to-seek-entry-into-the-european-community.

Bogdanor, V. (2014b). 'The Referendum on Europe, 1975', https://www.gresham.ac.uk/lectures-and-events/the-referendum-on-europe-1975.

Bogdanor, V. (2019). *Beyond Brexit: Towards a British Constitution* (London: I. B. Tauris).

Bogdanor, V. (2020). *Britain and Europe in a Troubled World* (New Haven: Yale University Press).

Bongardt, A., Talani, L. S., and Torres, F. (eds.) (2020). *The Politics and Economics of Brexit* (Cheltenham: Edward Elgar).

Bradlet, A. W. (1996). 'The Sovereignty of Parliament – in Perpetuity?', in J. Jowell and D. Oliver (eds.), *The Changing Constitution*, 3rd edn (Oxford: Clarendon Press).

Brexit Party (2019). 'Contract with the People', https://www.thebrexitparty.org/contract/.

British Future (2012). 'This Sceptred Isle', http://www.britishfuture.org/wp-content/uploads/2012/04/BritishFutureSceptredIsle.pdf.

Brown, D. (2001). '1956: Suez and the End of Empire', https://www.theguardian.com/politics/2001/mar/14/past.education1.

Browne, A. (2011). 'Plaid Cymru Conference Calls for Independence for Wales', https://www.bbc.com/news/uk-wales-politics-14865114.

Bulmer, S. (2001). 'Britain and European Integration', in B. Jones, D. Kavanagh, M. Moran, and P. Norton (eds.), *Politics UK* (Harlow:

Longman).

Bulmer, S. and Burch, M. (1998). 'Organising for Europe: Whitehall, the British State and the European Union', *Public Administration*, 76/4: 601/28.

Bulmer, S. and Burch, M. (2000a). 'Coming to Terms with Europe: Europeanisation, Whitehall and the Challenge of Devolution', Queen's Papers on Europeanisation, No. 9/2000.

Bulmer, S. and Burch, M. (2000b). 'The Europeanization of British Central Government', in R. A. W. Rhodes (ed.), *Transforming British Government; Volume I: Changing Institutions* (London: Macmillan), 46-62.

Bulmer, S. and Burch, M. (2001). 'The "Europeanisation" of British Central Government: The UK and Germany in Historical Institutionalist Perspective', in M. Aspinwall and G. Schneider (eds.), *The Rules of Integration* (Manchester: Manchester University Press), 73-96.

Bulmer, S. and Burch, M. (2002). 'British Devolution and European Policy-Making: A Step-Change towards Multi-Level Governance', EPRU Working Paper, Department of Government, University of Manchester.

Bulmer, S. and Burch, M. (2005). 'The Europeanization of UK Government: From Quiet Revolution to Explicit Step-Change?', *Public Administration*, 83/4: 861-890.

Bulmer, S. and Burch, M. (2006). 'Central Government', in I. Bache and A. Jordan (eds.), *The Europeanization of British Politics* (London: Palgrave Macmillan), 37-51.

Bulmer, S., Burch, M., Carter, C., Hogwood, P., and Scott, A. (2002). *British Devolution and European Policy-Making: Transforming Britain into Multi-Level Governance* (London: Palgrave

Macmillan).

Bulmer, S., Burch, M, Hogwood, P., and Scott, A. (2006). 'UK Devolution and the European Union: A Tale of Cooperative Asymmetry?', *The Journal of Federalism*, 36/1: 75-93.

Bulmer, S. and Lequesne, C. (eds.) (2005). *The Member States of the European Union* (Oxford: Oxford University Press).

Bulmer, S., Parker, O., Bache, I., George, S., and Burns, C. (eds.) (2020). *Politics in the European Union* (Oxford: Oxford University Press).

Bulmer, S. and Quaglia, L. (2018). 'The Politics and Economics of Brexit', *Journal of European Public Policy*, 25/8, 1089-1098.

Bulmer, S. and Radaelli, C. M. (2005). 'The Europeanization of National Policy', in S. Bulmer and C. Lequesne (eds.), *The Member States of the European Union* (Oxford: Oxford University Press), 338-359.

Burch, M. (1995). 'Prime Minister and Cabinet: An Executive in Transition', in R. Pyper and L. Robins (eds.), *Governing the UK in the 1990s* (London: Macmillan), 15-42.

Burch, M. and Holliday, I. (1996). *The British Cabinet System* (London: Prentice Hall).

Burch, M. and Holliday, I. (1999). 'The Prime Minister's and Cabinet Offices: An Executive Office in All But Name', *Parliamentary Affairs*, 52/1: 32-45.

Burch, M. and Holliday, I. (2000a). 'New Labour and the Constitution', in D. Coates and P. Lawler (eds.), *New Labour in Power* (Manchester: Manchester University Press), 80-91.

Burch, M. and Holliday, I. (2000b). 'New Labour and the Machinery of Government', in D. Coates and P. Lawler (eds.), *New Labour in Power* (Manchester: Manchester University Press), 65-79.

Burch, M. and Holliday, I. (2004). 'The Blair Government and the Core

Executive', *Government and Opposition*, 39/1: 1-21.

Buckler, S. and Dolowitz, D. (2012). 'Ideology Matters: Party Competition, Ideological Positioning and the Case of the Conservative Party under David Cameron', *British Journal of Politics and International Relations*, 14/4, 576-594.

Calabresi, S. G. and Bady, K. (2009). 'Is the Separation of Powers Exportable?', *Harvard Journal of Law and Public Policy*, 33/1, 5-16.

Cameron, D. (2006). Speech at the British American Project, 11 September 2006, http://www.theguardian.com/politics/2006/sep/11/conservatives.speeches.

Cameron, D. (2013). Speech at Bloomberg, London, 23 January 2013, http://www.theguardian.com/politics/2013/jan/23/david-cameron-eu-speech-referendum.

Cameron, D. (2015). 'A New Settlement for the United Kingdom in a Reformed European Union', https://assets.publishing.service.gov.uk/government/uploads/system/uploads/attachment_data/file/475679/Donald_Tusk_letter.pdf.

Cameron, D. (2016). 'EU Referendum Outcome: Prime Minister Statement, 24 June 2016', https://www.gov.uk/government/speeches/eu-referendum-outcome-pm-statement-24-june-2016.

Cameron, D. (2019a). 'David Cameron Regrets Losing Brexit Vote, but Says Referendum Was Always Inevitable', https://www.cbc.ca/radio/thecurrent/the-current-for-sept-30-2019-1.5300478/david-cameron-regrets-losing-brexit-vote-but-says-referendum-was-always-inevitable-1.5300480.

Cameron, D. (2019b). *For the Record* (London: William Collins).

Carl, N. (2018). 'CSI Brexit 4: People's Stated Reasons for Voting Leave or Remain', Centre for Social Investigation, https://www.

google.com/search?q=CSI+Brexit+4%3A+People%E2%80%99s+
Stated+Reasons+for+Voting+Leave+or+Remain&oq=CSI+Brexit+
4%3A+People%E2%80%99s+Stated+Reasons+for+Voting+Leave
+or+Remain&aqs=chrome..69i57.347j0j8&sourceid=chrome&ie=
UTF-8.

Carolan, E. (2009). *The New Separation of Powers: A Theory for the Modern State* (Oxford: Oxford University Press).

Chorley, M. (2019). 'General Election Polls "Betrayed" Leavers Are Threat to Boris Johnson', https://www.thetimes.co.uk/article/ general-election-2019-betrayed-leavers-are-threat-to-johnson- qwnffw0zm.

Churchill, W. (1930). 'The United States of Europe', Saturday Evening Post, Reprinted in M. Wolff (ed.), *The Collected Essays of Sir Winston Churchill*, Vol. II (London: Library of Imperial History).

Churchill, W. (1946). Speech at the University of Zurich, 19 September 1946, https://winstonchurchill.org/resources/speeches/1946-1963- elder-statesman/united-states-of-europe/.

Churchill, W. (1948). Speech at the 69th Annual Conservative Party Conference, Llandudno, Wales, 9 October 1948, https:// winstonchurchill.org/publications/finest-hour/finest-hour-160/ articles-wsc-s-three-majestic-circles/.

Churchill, W. (1953). Speech to the House of Commons, 11 May 1953, https://api.parliament.uk/historic-hansard/commons/1953/may/11/ foreign-affairs#S5CV0515P0_19530511_HOC_220.

Clarke, H. D., Goodwin, M. J., and Whiteley, P. (2017). *Brexit: Why Britain Voted to Leave the European Union* (Cambridge: Cambridge University Press).

Colantone, I. and Stanig, P. (2018). 'Global Competition and Brexit', *American Political Science Review*, 112/2, 201-218.

Colley, L. (1992). *Britons: Forging the Nation 1707-1837* (London: Vintage).

Conservative-Liberal Coalition (2010). 'Conservative Liberal Democrat Coalition Negotiations Agreements', http://www.conservatives. com/News/News_stories/2010/05/Coalition_Agreement_ published.aspx.

Conservative Party (2010). *The Conservative Party Manifesto 2010*, https://www.conservatives.com/〜/media/files/activist%20centre/ press%20and%20policy/manifestos/manifesto2010.

Conservative Party (2019). *The Conservative Party Manifesto 2019*, https://assets-global.website-files.com/5da42e2cae7ebd3f8bde3 53c/5dda924905da587992a064ba_Conservative%202019%20 Manifesto.pdf.

Court of Justice of the European Union (2018). *Wightman and Others v Secretary of State for Exiting the European Union*, Judgment in Case C-621/18, https://www.law.ox.ac.uk/sites/files/oxlaw/ oscola_2006.pdf.

Cowie, G. (2019). 'Prorogation of Parliament', Briefing Paper No. 8589, file:///C:/Users/TKU-STAFF/Downloads/CBP-8589.pdf.

Curtice, J. (2011). 'Scottish Election Victory for the SNP Is Labour's Reward for Devolution', *The Guardian*, http://www.theguardian. com/politics/2011/may/06/scottish-election-victory-snp- devolution.

Curtis, C. (2020). 'Scottish Independence: Yes Leads as Remainers Increasingly Back Splitting with UK', https://yougov.co.uk/topics/ politics/articles-reports/2020/01/30/scottish-independence-yes- leads-remainers-increasi.

Daily Express (2013). 'David Cameron: I Can Secure Yes Vote in EU Referendum', http://www.express.co.uk/news/uk/441084/David-

Cameron-I-can-secure-yes-vote-in-EU-referendum.

Darvas, Z. (2016). 'High Inequality and Poverty Helped Trigger the Brexit Protest Vote', https://blogs.lse.ac.uk/brexit/2016/08/31/brexit-should-be-a-wake-up-call-in-the-fight-against-inequality/.

Davis, D. (2012). 'David Davis MP Speech "Europe: It's Time to Decide"', https://www.daviddavismp.com/david-davis-mp-delivers-speech-on-the-opportunities-for-a-referendum-on-europe/.

Dicey, A. V. (1885). *Introduction to the Study of the Law of the Constitution*, https://files.libertyfund.org/files/1714/0125_Bk.pdf.

Disraeli, B. (1859). Speech in the House of Commons, 28 February 1859, https://www.oxfordreference.com/view/10.1093/acref/9780191843730.001.0001/q-oro-ed5-00003685.

Dewdney, R. (1997). 'Results of Devolution Referendums (1979 & 1997)', Research Paper No. 97/113, House of Commons Library, https://commonslibrary.parliament.uk/research-briefings/rp97-113/.

Euronews (2020). 'Macron Says Brexit Day is "Historical Alarm Signal" for Reform in Europe', https://www.euronews.com/2020/01/31/macron-says-brexit-day-is-historic-alarm-signal-for-reform-in-europe.

European Commission (2017). *White Paper on the Future of Europe: Reflections and Scenarios for the EU27 by 2025*, https://ec.europa.eu/commission/sites/beta-political/files/white_paper_on_the_future_of_europe_en.pdf.

European Parliament (2014). 'Results of the 2014 European Parliament Elections in the UK', https://www.europarl.europa.eu/unitedkingdom/en/european-elections/european_elections/results.html.

Evans, G. and Menon, A. (2017). *Brexit and British Politics* (Cambridge: Polity Press).

Fabbrini, F. (ed.) (2017). *The Law and Politics of Brexit* (Oxford: Oxford University Press).

Farage, N. (2019). 'Accept the Will of the People: Separate', https://www.usatoday.com/story/opinion/2019/01/18/uk-brexit-respect-voters-will-talker/2605144002/.

Fetzer, T. and Wang, S. (2020). 'Measuring the Regional Economic Cost of Brexit: Evidence up to 2019', CAGE Working Paper No. 486, https://warwick.ac.uk/fac/soc/economics/research/centres/cage/manage/publications/wp486.2020.pdf.

Financial Times (2019). 'UK General Election 2019: Full Results', https://ig.ft.com/uk-general-election-2019-results/.

Foley, M. (1993). *The Rise of British Presidency* (Manchester: Manchester University Press).

Foley, M. (1994). 'Presidential Politics in Britain', *Talking Politics*, 6/3, Summer.

Foley, M. (2000). *The British Presidency* (Manchester: Manchester University Press).

Ford, R. and Goodwin, M. (2017). 'Britain after Brexit: A Nation Divided', *Journal of Democracy*, 28/1, 17-30.

Fox, L. (2017). Speech at the First Commonwealth Trade Ministers' Meeting, 9 March 2017, https://www.gov.uk/government/speeches/commonwealth-trade-ministers-meeting-towards-a-free-trading-future.

Gaitskell, H. (1962). Speech to the Labour Party Conference, 3 October 1962, http://www.ena.lu/speech_hugh_gaitskell_october_1962-020003043.html.

Garrett, A. (2019). 'The Refugee Crisis, Brexit, and the Reframing of Immigration in Britain', https://www.europenowjournal.org/2019/09/09/the-refugee-crisis-brexit-and-the-reframing-of-immigration-in-britain/.

Glencross, A. (2015). 'Looking Back to Look Forward: 40 Years of Referendum Debate in Britain', *Political Insight*, 6/1: 25-27.

Goodwin, M. J. and Heath, O. (2016). 'The 2016 Referendum, Brexit and the Left Behind: An Aggregate-level Analysis of the Result', *The Political Quarterly*, 87/3, 323-332.

Goschen, G. (1986). Speech at Lewes, 26 February 1986, http://www.globalsecurity.org/military/world/europe/uk-forrel-isolation.htm.

Grierson, J. (2019). 'Net migration from EU into UK at Lowest Level since 2003, ONS Says', https://www.theguardian.com/world/2019/nov/28/net-migration-from-eu-at-lowest-level-since-2003-ons-figures-show.

Haeussler, H. (2016). 'What Are the Lessons of the 1974-5 Renegotiations?', Mile End Institute, Queen Marry University of London, https://www.qmul.ac.uk/mei/media/mei/documents/publications/499_16-Britain-and-European-Union-brochure-artwork2-(web).pdf.

Hall, S. (2016). *1956: The World in Revolt* (London: Faber and Faber).

Hathaway, O. (2010). 'The Case for Promoting Democracy through Export Control', *Harvard Journal of Law and Public Policy*, 33/1, 17-22.

Heath, E. (1971). Speech in the Debate in the House of Commons on Britain's Application to Join the European Community, 28 October 1971, https://api.parliament.uk/historic-hansard/commons/1971/oct/28/european-communities.

Heath, E. (1975). 'Speech to Conservative Group for Europe (Opening Conservative Referendum Campaign)', 16 April 1975, https://www.margaretthatcher.org/document/102675.

Heffernan, R. and Webb, P. (2007). 'The British Prime Minister: More than First among Equals', in T. Poguntke and P. Webb (eds.), *The Presidentialization of Politics: A Comparative Study of Modern Democracies* (Oxford: Oxford University Press).

Heppell, T. (2013). 'Cameron and Liberal Conservatism: Attitudes within the Parliamentary Conservative Party and Conservative Ministers', *British Journal of Politics and International Relations*, 15/3: 340-361.

Hill, C. (2019). *The Future of British Foreign Policy: Security and Diplomacy in a World after Brexit* (Cambridge: Polity Press).

Hix, S. (2018). 'Brexit: Where Is the UK-EU Relationship Heading?', *Journal of Common Market Studies*, 56/S1: 11-27.

Hobolt, S. B. (2016). 'The Brexit Vote: A Divided Nation, a Divided Continent', *Journal of European Public Policy*, 23/9, 1259-1277.

House of Commons (2013). 'The Future of the European Union: UK Government Policy', http://www.publications.parliament.uk/pa/cm201314/cmselect/cmfaff/87/87.pdf.

House of Commons Library (1999). 'Elections to the European Parliament – June 1999', https://commonslibrary.parliament.uk/research-briefings/rp99-64/.

House of Commons Library (2004). 'European Parliament Election 2004', file:///C:/Users/user/Downloads/RP04-50.pdf.

House of Commons Library (2015). 'The 1974-75 UK Renegotiation of EEC Membership and Referendum', https://commonslibrary.parliament.uk/research-briefings/cbp-7253/.

House of Commons Library (2019). 'General Election 2017: Results and Analysis', file:///C:/Users/TKU-STAFF/Downloads/CBP-7979.pdf.

House of Lords (2020). 'Law Lords', https://www.parliament.uk/about/mps-and-lords/about-lords/lords-types/law-lords/.

Humphries, C. (2019). 'Irish PM Says Hard Brexit Would Raise Issue on Irish Unification', https://www.reuters.com/article/uk-britain-eu-ireland-nireland/irish-pm-says-hard-brexit-would-raise-issue-of-irish-unification-idUSKCN1UL280.

ICM Unlimited (2016). 'St. David's Day Poll – March 1st 2016', https://www.icmunlimited.com/wp-content/uploads/2016/05/BBC-St.-Davids-Day-Poll_March-2016.pdf.

Inglehart, R. and Norris, P. (2016). 'Trump, Brexit, and the Rise of Populism: Economic Have-Nots and Cultural Backlash', Harvard Kennedy School Faculty Research Working Paper, No. RWP16-026, file:///C:/Users/TKU-STAFF/Downloads/SSRN-id2818659%20(1).pdf.

Ipsos MORI (2013). 'Attitudes to Flag Protest and Border Poll in Northern Ireland', https://www.ipsos.com/ipsos-mori/en-uk/attitudes-flag-protests-and-border-poll-northern-ireland.

Ipsos MORI (2016). 'Ipsos MORI EU Referendum Prediction Poll', https://www.ipsos.com/ipsos-mori/en-uk/ipsos-mori-eu-referendum-prediction-poll.

ITV News (2019). 'Carwyn Jones Says Wales Could Become Independent "by Accident" in Post-Brexit Britain', https://www.itv.com/news/wales/2019-08-06/carwyn-jones-says-wales-could-become-independent-by-accident-in-post-brexit-britain/.

Jacobson, J. (1997). 'Perceptions of Britishness', *Nations and Nationalism*, 3/2: 181-199.

James, S. (2011). 'Peoples of Britain', http://www.bbc.co.uk/history/ancient/british_prehistory/peoples_01.shtml.

Johnson, B. (2019a). Boris Johnson's First Speech as Prime Minister, 24 July 2019, https://www.gov.uk/government/speeches/boris-johnsons-first-speech-as-prime-minister-24-july-2019.

Johnson, B. (2019b). 'Boris Johnson: "I'd Rather Be Dead in a Ditch" than Ask for Brexit Delay', https://www.bbc.com/news/av/uk-politics-49601128.

Johnson, B. (2019c). Speech to the Tory Party Conference, 2 October 2019, https://www.theguardian.com/politics/ng-interactive/2019/oct/02/boris-johnsons-speech-to-the-tory-party-conference-annotated.

Johnson, B. (2020). Speech at the Old Royal Naval College, Greenwich, 3 February 2020, https://www.spectator.co.uk/article/boris-johnson-britain-must-become-the-superman-of-global-free-trade.

Junker, J. (2017). 'President Jean-Claude Junker's State of the Union Address 2017', Brussels, 13 September 2017, https://ec.europa.eu/commission/presscorner/detail/en/SPEECH_17_3165.

Kaldor, M. (2019). 'Democracy and Brexit', https://www.lwbooks.co.uk/sites/default/files/s72_02%20kaldor.pdf.

Kennedy, P. (1988). *The Rise and Fall of the Great Powers: Economic Change and Military Conflict from 1500 to 2000* (London: Fontana).

Kerr, J. (2018). 'I Drafted Article 50. We Can and Must Delay Brexit for a Referendum', https://www.theguardian.com/commentisfree/2018/dec/06/drafted-article-50-brexit-referendum-eu-state.

Labour Party (1974a). 'Let Us Work Together – Labour's Way Out of the Crisis', http://www.labour-party.org.uk/manifestos/1974/Feb/1974-feb-labour-manifesto.shtml.

Labour Party (1974b). 'Britain Will Win with Labour', https://web.archive.org/web/20130212030344/http://politicsresources.net/area/uk/man/lab74oct.htm.

Labour Party (2019). 'It's Time for Real Change', https://labour.org.uk/wp-content/uploads/2019/11/Real-Change-Labour-

Manifesto-2019.pdf.

Lane, I. (1996). *Constitutions and Political Theory* (Manchester: Manchester University Press).

Llewelyn, A. (2019). 'SNP U-Turn: How Alex Salmond Said Referendum Result Should "Stand for a Generation"', https://www.express.co.uk/news/uk/1181593/brexit-news-snp-second-referendum-scottish-independence-alex-salmond-spt.

Locke, J. (1988). *Two Treatises of Government* (Cambridge: Cambridge University Press).

Lord Ashcroft Polls (2016). 'How the United Kingdom Voted on Thursday…and Why', http://lordashcroftpolls.com/2016/06/how-the-united-kingdom-voted-and-why/.

Lord Ashcroft Polls (2019a). 'How the UK Voted on Brexit, and Why – A Refresher', https://lordashcroftpolls.com/2019/02/how-the-uk-voted-on-brexit-and-why-a-refresher/.

Lord Ashcroft Polls (2019b). 'My Northern Ireland Survey Finds the Union on a Knife-Edge', https://lordashcroftpolls.com/2019/09/my-northern-ireland-survey-finds-the-union-on-a-knife-edge/.

Lynch, P. and Whitaker, R. (2013). 'Rivalry on the Right: The Conservatives, the UK Independent Party (UKIP) and the EU Issue', *British Politics*, 8/3: 285-312.

Macmillan, H. (1961). 'Address Given by Harold Macmillan on the United Kingdom's Application for Membership to the European Communities', 31 July 1961, https://www.cvce.eu/content/publication/2002/9/3/a5c95873-aca0-4e9f-be93-53a36918041d/publishable_en.pdf.

Major, J. (2018). 'Sir John Major: The Moral Case for a Second Vote Has Never Been More Powerful', https://www.standard.co.uk/comment/comment/the-moral-case-for-a-second-vote-has-never-been-more-powerful-a3975481.html.

Martin, N. (2019). 'Boston Brexit: What the UK's Most Eurosceptic Town Thinks after Collapse of the Deal', https://news.sky.com/story/boston-brexit-what-the-uks-most-eurosceptic-town-thinks-after-collapse-of-the-deal-11609106.

May, T. (2016a). Speech by Theresa May, Launching Her National Campaign to Become Leader of the Conservative Party and Prime Minister of the United Kingdom, 11 July 2016, http://www.wlrk.com/docs/TheresaMayJuly11Speech.pdf.

May, T. (2016b). Speech by Theresa May, 'Britain after Brexit. A Vision of a Global Britain', 2 October 2016, https://www.conservativehome.com/parliament/2016/10/britain-after-brexit-a-vision-of-a-global-britain-theresa-mays-conservative-conference-speech-full-text.html.

May, T. (2017). 'Prime Minister Statement: General Election 2017', 9 June 2017, https://www.gov.uk/government/speeches/pm-statement-general-election-2017.

May, T. (2019). Speech in the Debate in the House of Commons on the United Kingdom's Withdrawal from the European Union, 29 March 2019, https://hansard.parliament.uk/Commons/2019-03-29/debates/1EB3876B-BE27-4EBB-9FB5-EEAC71BA8BCE/United KingdomSWithdrawalFromTheEuropeanUnion.

McCormack, J. (2019). 'Brexit: Varadkar and Johnson Steadfast over Backstop', https://www.bbc.com/news/uk-northern-ireland-49168126.

Montesquieu, C. (translated by Nugent, T.) (2011). *The Spirit of the Laws* (New York: Cosimo Classics).

Moor, P. (2016). 'How Britain Voted at the EU Referendum', YouGov, https://yougov.co.uk/topics/politics/articles-reports/2016/06/27/

how-britain-voted.

Mortimore, R. (2016). 'Polling History: 40 Years of British Views on "In or Out" of Europe', https://theconversation.com/polling-history-40-years-of-british-views-on-in-or-out-of-europe-61250.

Mulholland, H. (2008). 'Tebbit Attacks Cameron's "Blairite" Shadow Cabinet', *The Guardian*, 27 February 2008.

National Centre for Social Research (2014). 'Being British Today: British Social Attitudes Reveals the Public's View on Britishness, Immigration and the State of the Union', https://www.bsa.natcen.ac.uk/media-centre/archived-press-releases/bsa-31-being-british-today.aspx.

National Centre for Social Research (2018). 'British Social Attitudes 35: Europe', https://bsa.natcen.ac.uk/media/39250/bsa35_europe.pdf.

National Centre for Social Research (2020). 'In Hindsight, Do You Think Britain Was Right or Wrong to Vote to Leave the EU?', https://whatukthinks.org/eu/questions/in-highsight-do-you-think-britain-was-right-or-wrong-to-vote-to-leave-the-eu/.

National Readership Survey (2020). 'Social Grade', http://www.nrs.co.uk/nrs-print/lifestyle-and-classification-data/social-grade/.

New Statesman (2020). 'How British Foreign Policy Lost the Art of the Grand Strategy', https://www.newstatesman.com/politics/uk/2020/02/how-british-foreign-policy-lost-art-grand-strategy.

Norris, P. and Inglehart, R. (2019). *Cultural Backlash: Trump, Brexit, and Authoritarian Populism* (Cambridge: Cambridge University Press).

Norther Ireland Office (1998). 'The Belfast Agreement', https://www.gov.uk/government/publications/the-belfast-agreement.

Office for National Statistics (2011). 'Ethnicity and National Identity in England and Wales in 2011', http://www.ons.gov.uk/ons/

dcp171776_290558.pdf.

Oliver, T. (2015). 'To Be or Not to Be in Europe: Is That the Question? Britain's European Question and an In/Out Referendum', *International Affairs*, 91/1: 77-91.

Oliver, T. (ed.) (2018). *Europe's Brexit: EU Perspectives on Britain's Vote to Leave* (Newcastle: Agenda).

Osborne, R. (2020). 'Beyond 2020: Will Wales Hold a Referendum on Independence?', https://www.itv.com/news/wales/2020-02-04/beyond-2020-will-wales-hold-a-referendum-on-independence/.

Oxford Learner's Dictionaries (2020). 'Definition of Hobson's Choice', https://www.oxfordlearnersdictionaries.com/definition/american_english/hobson-s-choice.

Palmerston, L. (1848). Speech to the House of Commons, 1 March 1848, http://hansard.millbanksystems.com/commons/1848/mar/01/treaty-of-adrianople-charges-against.

Plaid Cymru (2019). 'Wales, It's Us', http://www.maniffesto.com/wp-content/uploads/2019/11/Plaid-Cymru-Maniffesto-2019_ENGLISH_DIGITAL.pdf.

Political Declaration (2018). 'Political Declaration Setting Out the Framework for the Future Relationship between the European Union and the United Kingdom', https://assets.publishing.service.gov.uk/government/uploads/system/uploads/attachment_data/file/759021/25_November_Political_Declaration_setting_out_the_framework_for_the_future_relationship_between_the_European_Union_and_the_United_Kingdom__.pdf.

Political Declaration (2019). 'Political Declaration Setting Out the Framework for the Future Relationship between the European Union and the United Kingdom', https://assets.publishing.service.gov.uk/government/uploads/system/uploads/attachment_data/

file/758556/22_November_Draft_Political_Declaration_setting_
out_the_framework_for_the_future_relationship_between_the_
EU_and_the_UK__agreed_at_negotiators__level_and_agreed_
in_principle_at_political_level__subject_to_endorsement_by_
Leaders.pdf.

Prosser, C., Mellon, J., and Green, J. (2016). 'What Mattered Most to
You When Deciding How to Vote in the EU Referendum', British
Election Study, https://www.britishelectionstudy.com/bes-findings/
what-mattered-most-to-you-when-deciding-how-to-vote-in-the-eu-
referendum/#.XxpoD54zaUl.

Pryor, F. (2011). 'Overview: From Neolithic to Bronze Age, 8000-
800 BC', http://www.bbc.co.uk/history/ancient/british_prehistory/
overview_british_prehistory_01.shtml.

Punnett, R. M. (1994). *British Government and Politics* (Aldershot:
Dartmouth).

Qvortrup, M. (2012). 'Introduction: Referendums, Democracy, and
Nationalism', *Nationalism and Ethnic Studies*, 18/1: 1-7.

Reuters (2016). 'Brexit Could Threaten Western Political Civilization,
Says EU's Tusk', https://www.reuters.com/article/us-britain-eu-
tusk/brexit-could-threaten-western-political-civilization-says-eus-
tusk-idUSKCN0YZ0Q9.

Reuters (2020). 'Poll Shows Northern Ireland Majority against United
Ireland', https://www.reuters.com/article/us-britain-nireland-poll/
poll-shows-northern-ireland-majority-against-united-ireland-
idUSKBN20C0WI.

Revised Protocol on Ireland/Northern Ireland (2019). 'Revised
Protocol on Ireland/Northern Ireland Included in the Withdrawal
Agreement', https://ec.europa.eu/commission/sites/beta-political/
files/revised_withdrawal_agreement_including_protocol_on_

ireland_and_nothern_ireland.pdf.

Ridley, F. F. (1988). 'There Is No British Constitution: A Dangerous Case of the Emperor's Clothes', *Parliamentary Affairs*, 41/3, 340-361.

Schrijver, F. K. (2006). *Regionalism after Regionalisation: Spain, France and the United Kingdom* (Amsterdam: Amsterdam University Press).

Scottish Government (2013). *Scotland's Future: Your Guide to an Independent Scotland*, http://scotgov.publishingthefuture.info/publication/scotlands-future.

Scottish Parliament (2011). 'Election 2011', http://www.scottish.parliament.uk/ResearchBriefingsAndFactsheets/S4/SB_11-29.pdf.

Seidler, V. J. (2018). *Making Sense of Brexit: Democracy, Europe and Uncertain Futures* (Bristol: Policy Press).

Seymour-Ure, C. (1984). 'British "War Cabinet" in Limited Wars: Korea, Suez and the Falklands', *Public Administration*, 62/3: 181-200.

Shakespeare, W. (Around 1595). *King Richard II*, https://www.sparknotes.com/nofear/shakespeare/richardii/page_58/.

Sinn Fein (2019). 'Time for Unity', https://www.sinnfein.ie/files/2019/A4_manifestoWM2019_TOGETHER.pdf.

Sky News (2019). 'Jeremy Corbyn Insists a No-deal Brexit Can Be Stopped despite Boris Johnson Suspending Parliament', https://news.sky.com/story/jeremy-corbyn-insists-a-no-deal-brexit-can-be-stopped-despite-boris-johnson-suspending-parliament-11797126.

Smith, E. (2019). '"They Don't Know We're Here": In Britain's Most Pro-Brexit Town, Voters Are Still Angry and Disillusioned', https://www.cnbc.com/2019/11/28/in-boston-britains-most-pro-brexit-town-voters-are-fed-up.html.

Standard Eurobarometer (2016). 'European Citizenship', file:///C:/ Users/user/Downloads/eb85_citizen_en.pdf.

Survation (2020). 'What Does the Public Think on "Brexit Day"', https://www.survation.com/what-does-the-public-think-on-brexit-day/.

Taggart, P. and Szczerbiak, A. (2004). 'Contemporary Euroscepticism in the Party Systems of the EU Candidate States of Central and Eastern Europe', *European Journal of Political Research*, 43/1: 1-27.

Taggart, P. and Szczerbiak, A. (2008). 'Introduction: Opposing Europe? The Politics of Euroscepticism in Europe', in P. Taggart and A. Szczerbiak (eds.), *Opposing Europe: Comparative Party Politics of Euroscepticism. Volume I: Case Studies and Country Surveys* (Oxford: Oxford University Press).

Taggart, P. and Szczerbiak, A. (2013). 'Coming in from the Cold? Euroscepticism, Government Participation and Party Positions on Europe', *Journal of Common Market Studies*, 51/1: 17-37.

Tebbit, N. (2007). Interview in *The Times*, 26 September 2007.

Thatcher, M. (1975). Speech to Conservative Group for Europe (Opening Conservative Referendum Campaign), 16 April 1975, https://www.margaretthatcher.org/document/102675.

Thatcher, M. (1988). Speech to the College of Europe, 20 September 1988, http://www.margaretthatcher.org/essential/keydocs.asp.

The Chequers Plan (2018). Statement from HM Government at Chequers on 6 July 2018, https://assets.publishing.service.gov.uk/ government/uploads/system/uploads/attachment_data/file/723460/ CHEQUERS_STATEMENT_-_FINAL.PDF.

The Electoral Commission (2016a). 'Results and Turnouts at the 2016 Scottish Parliament Election', https://www.electoralcommission.

org.uk/who-we-are-and-what-we-do/elections-and-referendums/
past-elections-and-referendums/scottish-parliamentary-elections/
results-and-turnout-2016-scottish-parliament-election.

The Electoral Commission (2016b). 'Results and Turnouts at the EU
Referendum', https://www.electoralcommission.org.uk/who-we-
are-and-what-we-do/elections-and-referendums/past-elections-and-
referendums/eu-referendum/results-and-turnout-eu-referendum.

The Government of Wales Act 2006 (2006). http://www.legislation.gov.
uk/ukpga/2006/32/notes/contents.

The Guardian (2016a). 'Brexit Talks May Be Most Complicated
Negotiation Ever, Says Davis', https://www.theguardian.com/
politics/2016/sep/12/brexit-talks-may-be-most-complicated-
negotiation-ever-says-minister.

The Guardian (2016b). 'Nicola Sturgeon: Second Scottish Independence
Poll Highly Likely', https://www.theguardian.com/politics/2016/
jun/24/alex-salmond-second-scottish-independence-referendum-is-
certain.

The Guardian (2019). 'Thousands March in Cardiff Calling for
Welsh Independence', https://www.theguardian.com/uk-
news/2019/may/11/thousands-march-in-cardiff-calling-for-welsh-
independence.

The Herald (2015). 'Sturgeon Confirms SNP Manifesto Will Set Out
"Triggers" for Second Referendum', https://www.heraldscotland.
com/news/13716894.sturgeon-confirms-snp-manifesto-will-set-
out-triggers-for-second-referendum/.

The Independent (2015). 'Britain Leaving the EU Could Lead to
Scottish Independence, William Hague Warns', http://www.
independent.co.uk/news/uk/politics/britain-leaving-the-eu-could-
lead-to-scottish-independence-william-hague-warns-a6784141.

html.

The Migration Observatory (2020). 'UK Public Opinion toward Immigration: Overall Attitudes and Level of Concern', https:// migrationobservatory.ox.ac.uk/resources/briefings/uk-public-opinion-toward-immigration-overall-attitudes-and-level-of-concern/.

The New European (2020). 'Pollster Reveals "Pivotal" Moment UK Appeared to Start Showing Brexit Regret', https://www. theneweuropean.co.uk/top-stories/john-curtice-on-brexit-and-eu-referendum-polls-1-6714409.

The Nobel Prize (2012). 'The Nobel Prize 2012: European Union (EU)', https://www.nobelprize.org/prizes/peace/2012/eu/facts/.

The Scotland Act 1998 (1998). http://www.legislation.gov.uk/ ukpga/1998/46/contents.

The Supreme Court (2017). 'Judgement: R (Miller and Another) v Secretary of State for Exiting the European Union [2017] UKSC 5', 24 January 2017, https://www.supremecourt.uk/cases/docs/uksc-2016-0196-judgment.pdf.

The Supreme Court (2019). 'Judgement: R (Miller) v The Prime Minister; Cherry and Others v Advocate General for Scotland [2019] UKSC 41', 24 September 2019, https://www.supremecourt. uk/cases/docs/uksc-2019-0192-judgment.pdf.

The Telegraph (2014). 'David Cameron Gives "Case Iron" Guarantee over EU Referendum', http://www.telegraph.co.uk/news/ worldnews/europe/10822938/David-Cameron-gives-cast-iron-guarantee-over-EU-referendum.html.

The Telegraph (2017). '"How Can You Govern a Country Which Has 246 Varieties of Cheese?": 40 Funny Quotes about France and the French', https://www.telegraph.co.uk/comedy/what-to-see/40-

wise-witty-quotes-france-french/best-thing-know-france-england-sea/.

Tournier-Sol, K. (2015). 'Reworking the Eurosceptic and Conservative Traditions into a Populist Narrative: UKIP's Winning Formula?', *Journal of Common Market Studies*, 53/1: 140-156.

Treaty of Rome (1957). https://eur-lex.europa.eu/eli/treaty/teec/sign.

UK Government (1975). 'Referendum on United Kingdom Membership of the European Community', https://www.cvce.eu/en/obj/white_paper_published_by_the_british_government_regarding_the_referendum_on_the_united_kingdom_s_continued_membership_of_the_eec_february_1975-en-e3b99468-b27d-46d8-b000-d06c13db0b87.html.

UK Government (2017). 'The United Kingdom's Exit from and New Partnership with the European Union', https://assets.publishing.service.gov.uk/government/uploads/system/uploads/attachment_data/file/589189/The_United_Kingdoms_exit_from_and_partnership_with_the_EU_Print.pdf.

UK Government (2018). 'The Future Relationship between the United Kingdom and the European Union', https://assets.publishing.service.gov.uk/government/uploads/system/uploads/attachment_data/file/786626/The_Future_Relationship_between_the_United_Kingdom_and_the_European_Union_120319.pdf.

UK Independent Party (2019). 'For Brexit and Beyond', https://www.ukip.org/pdf/manifesto_complete.pdf.

UK Parliament (2016). 'Immigration: Written Question UIN 39201', https://www.parliament.uk/business/publications/written-questions-answers-statements/written-question/Commons/2016-06-03/39201/.

UK Parliament (2020). 'Parliamentary Occasions: Prorogation', https://

www.parliament.uk/about/how/occasions/prorogation/.

UNHCR (2016). 'Refugee and Migrant Response Plan for Europe: January to December 2017', https://www.unhcr.org/partners/donors/589497d07/2017-regional-refugee-migrant-response-plan-europe-january-december-2017.html.

Vile, M. J. C. (1998). *Constitutionalism and the Separation of Powers* (Indianapolis: Liberty Fund).

Vote Leave (2016). 'Why Vote Leave', http://www.voteleavetakecontrol.org/why_vote_leave.html.

Walesonline News (2019). '"Wales Should Have an Independence Referendum after Brexit Unless Our Demands Are Met" – Plaid Leader Adam Price', https://www.walesonline.co.uk/news/politics/plaid-adam-price-conference-referendum-16016247.

Wall, S. (2020). *Reluctant European: Britain and the European Union from 1945 to Brexit* (Oxford: Oxford University Press).

Wapshott, N. and Brock, G. (1983). *Thatcher* (London: Fontana).

Ward, M. (2020). 'Statistics on UK Trade with Commonwealth', Briefing Paper, No. CBP 8282, House of Commons Library, file:///C:/Users/TKU-STAFF/Downloads/CBP-8282.pdfNumber CBP 8282, 19 June 2020.

Waugh, P. (2016). 'Jeremy Corbyn Interview: On Owen Smith, Trident, Brexit, the Housing Crisis and a "Universal Basic Income"', https://www.huffingtonpost.co.uk/entry/jeremy-corbyn-interview-on-owen-smith-trident-brexit-house-prices-and-a-universal-basic-income_uk_57a5f45be4b04ca9b5d31b6f?yhnw0wpb2sy55qaor&guccounter=1.

Welsh Assembly Government (2010). 'What Is the Welsh Assembly Government Responsible for?', http://wales.gov.uk/about/organisationexplained/responsiblefor.

Wilson, H. (1967). Speech to the House of Commons on the United Kingdom's Application for Membership to the EC, London, 2 May 1967, https://www.cvce.eu/content/publication/1999/1/1/680afb40-143e-484b-b430-881db671d1ec/publishable_en.pdf.

Wilson, H. (1975). Speech to the House of Commons, London, 18 March 1975, https://www.cvce.eu/en/obj/statement_by_harold_wilson_to_the_house_of_commons_18_march_1975-en-f4578005-5063-4b6b-a8e8-df144c750ebf.html.

Withdrawal Agreement (2018). *Agreement on the Withdrawal of the United Kingdom of Great Britain and Northern Ireland and of the European Atomic Energy Community*, https://assets.publishing.service.gov.uk/government/uploads/system/uploads/attachment_data/file/759019/25_November_Agreement_on_the_withdrawal_of_the_United_Kingdom_of_Great_Britain_and_Northern_Ireland_from_the_European_Union_and_the_European_Atomic_Energy_Community.pdf.

Withdrawal Agreement (2020). *Agreement on the Withdrawal of the United Kingdom of Great Britain and Northern Ireland and of the European Atomic Energy Community*, https://www.gov.uk/government/publications/agreement-on-the-withdrawal-of-the-united-kingdom-of-great-britain-and-northern-ireland-from-the-european-union-and-the-european-atomic-energy-communi.

Yorkshire Post (2016). 'How the Suez Crisis Sank the British Empire', https://www.yorkshirepost.co.uk/news/politics/how-suez-crisis-sank-british-empire-1788585.

YouGov (2011). 'Defining Britishness', http://cdn.yougov.com/today_uk_import/yg-archives-cam-royal-wedding-dossier-280411.pdf.

YouGov (2016). 'How Britain Voted at the EU Referendum', https://d25d2506sfb94s.cloudfront.net/cumulus_uploads/document/

oxmidrr5wh/EUFinalCall_Reweighted.pdf.

YouGov (2018a). 'Future of England Survey Results', https://d25d2506sfb94s.cloudfront.net/cumulus_uploads/document/ux4c6rw4bx/FOE_Wales_June18_Results_w.pdf.

YouGov (2018b). 'For the First Time, More People Support a Second Referendum', https://yougov.co.uk/topics/politics/articles-reports/2018/07/27/first-time-more-people-support-second-referendum.

YouGov (2019). 'Which Issues Will Decide the General Election', https://yougov.co.uk/topics/politics/articles-reports/2019/11/07/which-issues-will-decide-general-election.

Young, H. and Sloman, A. (1986). *The Thatcher Phenomenon* (London: BBC Books).

國家圖書館出版品預行編目資料

脫歐：英國的抉擇／黃琛瑜著. -- 初版.
-- 臺北市：五南，2020.12
　面；　公分.
ISBN 978-986-522-368-7（平裝）

1.英國政府　2.公民投票　3.民主政治
4.國家發展

574.41　　　　　　　　　　109018729

1PBD

脫歐：英國的抉擇

作　　者 ― 黃琛瑜（292.2）

發 行 人 ― 楊榮川

總 經 理 ― 楊士清

總 編 輯 ― 楊秀麗

副總編輯 ― 劉靜芬

責任編輯 ― 黃郁婷、吳肇恩

封面設計 ― 姚孝慈

出 版 者 ― 五南圖書出版股份有限公司

地　　址：106台北市大安區和平東路二段339號4樓

電　　話：(02)2705-5066　　傳　真：(02)2706-6100

網　　址：https://www.wunan.com.tw

電子郵件：wunan@wunan.com.tw

劃撥帳號：01068953

戶　　名：五南圖書出版股份有限公司

法律顧問　林勝安律師事務所　林勝安律師

出版日期　2020年12月初版一刷

定　　價　新臺幣260元

※版權所有·欲利用本書內容，必須徵求本公司同意※

五南線上學院

專業圖書NO.1的線上課程

五所不能，學習不南

☑專業師資

☑證照考試 ☑實用技能

線上課程老師募集中！

不論年齡大小、教育程度，
只要你在某個領域有過人的知識和經驗，
歡迎投稿，創造你的被動收入。

＊投稿請洽各編輯室

五南線上學院
https://www.wunan.com.tw/tch_home

經典永恆・名著常在

五十週年的獻禮——經典名著文庫

五南，五十年了，半個世紀，人生旅程的一大半，走過來了。

思索著，邁向百年的未來歷程，能為知識界、文化學術界作些什麼？

在速食文化的生態下，有什麼值得讓人雋永品味的？

歷代經典・當今名著，經過時間的洗禮，千錘百鍊，流傳至今，光芒耀人；

不僅使我們能領悟前人的智慧，同時也增深加廣我們思考的深度與視野。

我們決心投入巨資，有計畫的系統梳選，成立「經典名著文庫」，

希望收入古今中外思想性的、充滿睿智與獨見的經典、名著。

這是一項理想性的、永續性的巨大出版工程。

不在意讀者的眾寡，只考慮它的學術價值，力求完整展現先哲思想的軌跡；

為知識界開啟一片智慧之窗，營造一座百花綻放的世界文明公園，

任君遨遊、取菁吸蜜、嘉惠學子！